よくわかる！ミクロ経済学入門

Microeconomics : An Introductory Textbook

石橋春男
Haruo Ishibashi

橋口宏行
Hiroyuki Hashiguchi

中藤和重
Kazushige Nakato

慶應義塾大学出版会

はじめに

　本書はミクロ経済学への入門を意図して書かれたものである。ミクロ経済学に触れてみようと思っている人は少なからずいるだろう。しかし、小説を読むように読み進むことができ、1冊を完璧に読みこなせるミクロ経済学体系の入門書は、現在のところ、おそらく存在しないといっても過言ではない。

　たとえば、「わかりやすい」「初学者のための」などの修飾語がついた「経済学」や「ミクロ経済学」などの超入門書を手にとると、決して体系的であるとはいえない。残念ながら、一部の経済理論の説明しやすいものだけ取り上げて解説している書物が多い。

　大学生や社会人を対象にしたミクロ経済学の入門書ではどうであろうか。こちらはグラフが各ページを埋め尽くしている。グラフを理解するためだけにエネルギーが使われてしまい、肝心なミクロ理論にたどり着くまでにはいかない。これが中級のテキストになると、数式がこれでもかというほどに出てきて、数学の本かと見間違うほどのものが多くみられる。

　これらの例からもわかるように、初学者が自分に合った教材をみつけることは難しい。本書の著者は、長年にわたり大学や社会人研修でミクロ経済学の指導を行ってきた。そして講義がひと段落すると、判を押したように同じ質問を受け、悩まされた。

　「私にわかるミクロ経済学の本はないのですか」。

筆者らはこうした経験をもとにして、わかりやすいミクロ経済学の入門書を書くことができないかと議論を重ねてきた。その結果、上梓することになったのが本書である。

　本書の特徴をごく簡単にまとめてみよう。
　まず、ごく短時間で読破できる簡潔な文体を心がけ、「誰にでもわかる」を目標にし、内容的にはミクロ経済学のグローバル・スタンダードの水準を維持することを心がけた。
　次に、ミクロ経済学は1人の経済学者によって体系化されたものではない。とくに、新古典派の経済学者たちによって組み立てられた理論である。その理論を一言で表現すれば、資源をいかに無駄なく、すべての人に配分することができるか、この1点に絞られた経済理論である。
　その理論の組立てに参加した多くの経済学者が本書に登場する。読み方によっては、経済学説史の学習かと思われるほどに経済学者の理論を集め、それらの理論を束ねて説明がなされている。経済問題が起こって、それを経済学者が分析し、いつの時代にでも説得力のある理論として後世に残してきた。それがミクロ経済学であるために、興味が尽きないどころか浮き浮きしながら学べる学問でもある。この楽しみをぜひ味わっていただきたい。

　ところが、ミクロ経済学という言葉の響きから、無味乾燥な中身のない、学習しても役に立たない学問と誤解されている人が多い。ミクロ経済学は社会科学の王様である。ミクロ経済学の理解なくして、マーケティングであろうと、会計学であろうと、それらの本質に迫ることはできない。本書は身の周りに起こっているさまざまな問題を事例として理論のなかに織り込みながら、ミクロ経済理論をよりわかりやすくする解説に特化することを心がけた。いわば、理論と現実が並行して流れるように説明されている。

本書は、これまでのミクロ経済学の書物とはかなり異質なものである。こうした出版物を世に送り出すには出版社としても相当の覚悟が強いられたと推測される。あえてそうしたリスクをとって、出版の機会を与えてくださった慶應義塾大学出版会と企画から編集まで絶え間ない執筆者との調整の労をとられた木内鉄也氏に心から感謝を申し上げる。

平成 26 年 3 月 30 日

石橋　春男

橋口　宏行

中藤　和重

目　次

はじめに　*iii*

序　章　経済学とは　*1*
   1　経済活動　*1*
   2　経済学の目指すもの　*3*
   3　経済の歴史　*8*

第1部　市場と価格

第1章　市　場　*15*
   1　経済主体　*15*
   2　司令塔なき経済　*18*
   3　便益と費用　*20*
   4　分　業　*23*
   5　ショートサイドの原則　*27*

第2章　商　品　*29*

 1　効　用　*29*
 2　希少性　*30*
 3　財・サービス　*31*
 4　財の価値　*33*

第3章　消費者　*35*

 1　消費者の選択　*35*
 2　効用の極大化　*36*
 3　効用と価格　*38*
 4　財の選択　*38*

第4章　生産者　*43*

 1　限界収入と限界費用　*43*
 2　収穫逓減の法則　*46*
 3　企業の最適生産量　*48*

第2部　需要と供給

第5章　需要と需要量　*57*

 1　需要と需要量　*57*
 2　需要曲線　*59*
 3　最適消費　*62*
 4　代替効果と所得効果　*68*

第6章　供給と供給量　*73*

 1 供給と供給要因　*73*
 2 供給量　*77*

第7章　弾力性　*81*

 1 供給の価格弾力性　*81*
 2 需要の価格弾力性　*85*
 3 所得弾力性　*91*
 4 さまざまな弾力性　*92*
 5 長期の弾力性　*94*

第8章　市場均衡　*95*

 1 市場均衡　*95*
 2 価格調整　*96*
 3 数量調整　*99*

第9章　最適資源配分　*103*

 1 現実の市場　*103*
 2 生産物市場　*108*
 3 政府の介入　*112*
 4 自由貿易　*115*

第3部　市場の失敗

第10章　独　占　*119*
1　完全競争市場と不完全競争市場　*119*
2　独占企業　*122*

第11章　情　報　*129*
1　情報の非対称性　*129*
2　モラルハザード　*131*
3　外部効果　*133*

第12章　公共財　*135*
1　公共財の特徴　*135*
2　公共財の種類　*136*
3　フリーライダー問題　*137*
4　コモンズの悲劇　*138*
5　対　策　*138*

第13章　環境のミクロ分析　*139*
1　地球環境問題　*139*
2　環境のミクロ分析　*144*

参考文献　*153*
索　引　*155*

序　章

経済学とは

　現代の日本人は、ほんの 200 年前の王侯貴族（将軍や大名など）よりも、豊かで美味しい食事をとっている。日本は資源が少なく、食料の多くも海外からの輸入に頼っているにもかかわらず、日本食はもちろん、中華料理からインド料理、イタリア料理にフランス料理と、私たちは多彩な料理を味わうことができる。

　また、技術革新によって、私たちの生活は年々便利になっている。今や、電車で通学しながらスマホで電子新聞を読み、本を注文すれば宅配便が自宅に届けてくれる。しかし、たとえ高い技術を有していても、経済システムが崩れてしまうと、社会はうまく回らない。

　1997 年にアジア通貨危機が起きると、それが波及してロシアでも通貨危機が起きた。その結果、ロシアでは国内でも自国の通貨であるルーブルが一時的に使えなくなってしまった。宇宙に人を送り込む技術があっても、通貨が使えなくなると物々交換に頼らざるをえなくなるのである。

1　経済活動

　では、「経済」とは何だろうか。経済とは、ヒト、モノ、カネの流れのことで、人々が（よりよく）生きていくために、衣食住にかかわる財やサービスの生産・流通・消費といった経済活動や、そうした活動を調整する仕組み

（システム）をさす。

　人々は、働いてお金（収入）を得て、消費者として財やサービス[1]を買っている。消費者が財やサービスを買うことによって、生産者は収入を得ている。すなわち人は、（働いて収入を得る）生産者と消費者の2つの面をもっている（⇒第3章および第4章）。

　世の中にある資源は有限であり、このことを希少性[2]を有するという。社会ではさまざまな商品（財・サービス）が生産され、交換・分配などの過程を経て人々に消費される。しかし、資源には希少性があることから、人々が欲しいと思うすべての商品を供給できるとはかぎらない。経済とは、人々の要求に応じて供給量を決定し、生産し、分配し、人々が消費できるようにする仕組みである。

　「経済」を意味するEconomyは、古典ギリシャ語に由来し、その意味は家庭のやりくりにおけるお金や財の扱い方であった。近代になって家庭を国家統治の単位にまで拡張し、以前の意味と区別して政治経済学（Political Economy）という名称が登場し、後に経済学（Economics）と改められた。

　経済という日本語は、世（世の中）を治めて民を済（すく）うことを意味している。明治時代に、福澤諭吉がEconomyを日本語に訳すときに、中国の古典にある「経世済民[3]」という言葉を略して用いたことから、広く使われるようになった。

1）　財とは、物質的・精神的に何らかの効用をもっており、消費者が消費することで、その効用を得られるものである。また、それらのうち有形のものを財、無形のものをサービスとよび、財・サービスと表現する場合もある。また、市場で取引される場合、商品や製品と表現されることもある。
2）　希少性とは、人々が望む量に比べて、利用可能な量が少ない状態をいう（⇒第2章2）。
3）　東晋時代の葛洪の著作『抱朴子』には「經世濟俗」という語があり、隋代の王通の著作『文中子』は、「皆有經濟之道、謂經世濟民」とあって、「經濟」が略語として用いられていた。なお、「經国済民」が用いられることもあるが、同義である。

2 経済学の目指すもの

　経済学は、何のためにあるのか。それは貧困をなくし、餓死者を1人でも減らすためであるといったら、現代の豊かな日本に暮らす人々は驚くだろうか。

　しかし、日本でどれだけの人が、農業など食料を生産する第1次産業で働いているだろうか。もし大地震などで経済が崩壊すると、自分で食料を生産していない大多数の日本人は、その日の食事にも困ることになる。経済が成り立ち、うまく機能しているからこそ、私たちは食料の生産に直接携わっていなくとも、豊かな食事を得られるのである。

2.1　貧困との戦い

　本書で学ぶミクロ経済学を大成したのは、イギリスのアルフレッド・マーシャル[4]である。彼は学生時代の休暇中に、イギリス各地の貧民窟を訪れた。そこでみたものは、貧困と飢えに苦しむ人々であり、その落ち込んだ表情であった。マーシャルは、経済学によって貧困と飢えに苦しむ人を1人でも少なくすることが、自分の使命であると考えたのだ。

　人類の歴史を振り返ると、それは餓死や貧困との戦いであった。自然に大きく依存する農業などの第1次産業に頼っていた時代には、寒冷化や火山の冬[5]は、人類の食料生産に大きな打撃を与えた。世界の一部の地域では、いまだに貧困や餓死と内戦の悪循環が続いている。

　自然の脅威に対する防御を高め、現代の繁栄を人類が獲得したのは、18世紀のイギリスで始まった産業革命による工業化からである。それは自然科

---

[4]　1842年〜1924年。新古典派の経済学を代表する研究者。ケンブリッジ大学教授を務め、ケンブリッジ学派とよばれる学派を形成した。主著は『経済学原理』。ジョン・メイナード・ケインズやアーサー・セシル・ピグーの師匠でもある。

[5]　大火山の爆発的な噴火によって、火山灰や霧状の硫酸が空中に噴き上がって太陽光を遮り、気温が低下する現象をいう。

学の功績によるようにみえる。しかし、まさにその時代に経済学は誕生し、発展していった。人類が飢えから解放されるには、自然科学の発展とともに経済学の発展が、車の両輪のように働いていたのである。

2.2 分業と経済

自分で食料を生産していないにもかかわらず、なぜ人は食べていけるのだろうか。食料だけでなく、衣食住にかかわる財やサービスなどについても同じである。

自分（もしくは家族）で、必要な財やサービスをすべて生産する経済を自給自足という。それに対して近代以降は、各人が仕事を分担して、自分の仕事をする分業が主流である。自分の仕事をしてお金を手に入れ、そのお金で自分が生産していないが欲しいモノを買うことによって、人は生活している。私たちが学ぶ経済とは、人々が分業し、お金を手に入れ、取引を行うことによって必要な財やサービスを得て生活していくというシステムである。

私たちの社会は、なぜ自分ですべてを生産する自給自足ではなく、分業を主とする経済になったのであろうか。たとえば大地震などの大きな自然災害や未曾有の経済恐慌が起きたら、自分で食料を生産していないと食べるものを得られない危険があるというのに。

それは、分業のほうが生産性が高い、すなわち同じ量の生産要素を投入しても生産量が多くなるからである。

2.3 分業と生産性

経済学の父とよばれるのは、スコットランドのアダム・スミス[6]である。彼の学問は富を研究することであり、経済の効率を向上させることによって、食料など人間が生きるための財をできるだけ多く生産し、人々の生活を向上

---

[6] 1723年〜1790年。経済にかかわる研究はスミス以前にもあったが、現代の経済学の直接の祖となったのは彼の学問であり、そのことからスミスが経済学の父といわれる（⇒序章 3.5）。

させようとした。

たとえば、スミスが分業の例としてあげたピンの生産をみてみよう。

1本のピンを完成させる工程は、18の別個の作業に分割されるという。これを10人が作業を分担して製作する。1人が針金を引き伸ばし、次の1人はこれをまっすぐにし、3番目の者はこれを切り、4番目の者はこれを尖らせ……いわゆる分業である。

このように分業が行われるならば、1人あたり1日に4,800本以上のピンを製造することができる。しかし、分業を行わず1人1人が単独でピンを作れば、「1日あっても1本のピンさえ作れないかもしれない」とスミスはその主著『諸国民の富（国富論）』に書いている。

2.4 経済学の使命

分業によって生産の効率が向上すれば、生産量を増加させることができる。では、分業以外にも効率を上げる方法はないだろうか。限られた資源（ヒト・モノ・カネ）で、なるべく多くの製品をできるだけ早く生産することで社会全体の富を増やし、貧困者を救い餓死者を減らす。これを研究することが、経済学の目指すものである。

理論とは革命である。今まで地球が中心だと思われていたときに、地動説が唱えられた。生き物は神の創造物であり天地創造のときから変わっていないと信じられていた時代に、進化論が唱えられた。

王様が戦争をして植民地を得ることによって富が得られると信じられていた（重商主義）時代に、スミスは「政府は経済に口を出すな」「人々がもっぱら自分自身の利益だけを考えて行動しても、見えざる手に導かれて、社会全体の利益を促進することになる」と説いた。

チームスポーツには、監督やキャプテンなどの司令塔が必要だ。政治にも、会社などの組織や軍隊も、司令塔がいなければ成り立たない。しかし、経済には司令塔はいらないとスミスは主張したのである。まさにアダム・スミス革命である。

また、多くの人々が土地を捨てて都会で食料の生産を行わない職業につく経済社会は成り立つのか。スミスたち経済学者は大丈夫だと説いた。分業したほうが効率もよく、生産力もあがると。しかし、何事にも良い点と悪い点がある。分業が成立するためには、自分の仕事で収入さえ得られれば、食料をはじめとした生活必需品と取引できることが保証されなければならない。すなわち、人々の経済活動が円滑に行えなければならない。しかし、どうしたら経済活動を円滑にできる社会を作れるだろうか。それを研究するのが経済学の使命である。

2.5 最大多数の最大幸福

では、人が豊かになるためには、どんな法律やシステムを作るべきか。産業革命以降の世の中は、誰も経験をしたことがない社会だった。そのとき、何が正義であり、何がやってはいけないことなのか、誰にも経験はなかった。

では正義とは何か。何をもって「世のため人のため」になると判断できるのか。その基準として、スミスの次の世代の哲学者にしてイギリスの経済学者であるジェレミー・ベンサム（1748年～1832年）は、有名な「最大多数の最大幸福」という概念を示した[7]。

ベンサムは、人間1人は国王であっても一般市民であっても同じ1人と数えた。これに対して、臣は主君のために命を捧げることが美徳とされた時代があったが、その思想では君主と家臣や民は平等ではない。君主1人の幸福のために、多数の家臣や民が犠牲になってもよいとする考えだ。

それに対してベンサムは、社会全体のメンバー1人1人の幸福の合計値が一番大きくなることを、産業革命以降の社会の正義の基準として示した。

---

[7] 古代ギリシャ時代、学問とは哲学であった。天文を研究するのも哲学者の仕事であったし、薬草を調合して薬を作るのも、ギリシャ悲劇のシナリオを書くのも、哲学者の仕事であった。その後、天文学が哲学から独立し、医学が哲学から独立し……と、他の学問が哲学から独立していったと、和辻哲郎（1889年～1960年）は述懐している。そして、スミスもまた、グラスゴー大学の論理学と道徳哲学の教授であった。

2.6　効率の追求

　経済学の使命の1つに、効率の追求がある。分業の項でみたとおり、経済学は効率を上げることによって、生産高を増やしていくことを目指す。

　ここにオレンジが1箱あったとしよう。A君とB君が、ともにオレンジを必要としていたとする。どのように分ければよいだろうか。半分ずつ等分に分けることもできるし、ジャンケンでどちらか一方が1箱全部とる方法もある。また、かつて食料確保のために部族同士が争ったように、A君とB君が決闘する選択肢もないわけではない。今回はA君が全部とり、次回はB君がとると約束することもあるだろう。

　ここで、お互いが情報を交換したとしよう。オレンジ1箱が欲しい理由は、A君がオレンジジュースを作る業者であり、B君がマーマレードを作る業者だからであると判明したとする。ならば、オレンジの果実部分はA君が全部とり、皮はB君が全部とれば、両者ともにオレンジ1箱を丸々手に入れることになる。

　もし情報交換がなく、A君とB君が競売で争っていたらどうなっただろうか。仮に、A君が競売の末に1箱すべてを買ったとしよう。競売した以上、高い値段で落札しただろう。しかも、ジュース業者のA君は果実だけを利用して、皮はゴミとして捨ててしまう。A君とB君が果実と皮とで分配した場合と比べて、大きな無駄があったことがわかる。

　これは、笑い話のように思えるかもしれない。しかし、実際の社会では似たような話が起こりうる。

　たとえば、製薬会社のC社とD社があったとしよう。両者とも製薬会社だから、一見すると両社はライバルにみえる。しかし実情は、C社は病院など医者が使う医薬を得意としており、D社はドラッグストアや薬局で市販される医薬を得意としていたとしよう。

　このような場合、C社とD社が合併するという例が現実の社会では多くある。お互いが争うのではなく、合併してお互いの強みを活用するのである。オレンジを果実と皮とに分割するのと、似てはいないだろうか。オレンジの

場合は1÷2が1のままであり、合併の場合は1+1が2以上になるという、効率をよくする例である。

社会全体でみた場合、結果として同じ量の資源（ヒト・モノ・カネ）を使っていても、工夫により生産量を増加させることができるのである。この仕組みを研究するのが経済学である。

3　経済の歴史

市場経済とは、市場において財やサービスが取引されることによって、人々が生活できる社会をいう。市場で取引ができるからこそ、分業によって自分の仕事に専念して収入を得て、自分で生産していない財やサービスを得ることができる。そして、市場経済がよりうまく回るように研究するのが経済学である。

なお、現代の主流となる経済学はスミスより始まったが、彼以前にも市場は存在したし、経済を扱う学問も存在していた。ここでは簡単に歴史をみてみよう。

3.1　市場の誕生

漁業を営むI君が肉を欲しいと思っていたとしよう。もし物々交換の経済社会ならば、I君は肉をもっていて魚を欲しがっている人を探さなければならない（これを「欲望の二重の一致」という）。家畜を飼育している家を1軒ずつ訪問するとなると、交換の相手を探すのに多くの時間がかかるだろう。

そこで交通の要所に、市場が誕生した。多くの人が行き交う特定の場所に、みんなが売りたい財を持参して集まる場所が市場である。

現代のフリーマーケットを想像してみよう。自分が生産したモノをお互いに持ち寄り、それを欲しがる人が来るのを待ったり、自分が欲しいモノを探したりするのである。当初は臨時にできたり、特定の日だけ開催されたりしたが[8]、やがて常設されるようになった。

市場には人が集まる。ならば床屋などのサービス業も成り立つ。また、道具や家具などを作る手工業も誕生する。やがて市場の界隈に住む人が増え、都市ができた。人が集まり豊かになると、人を楽しませる芸能の小屋が設けられたり、美術品の取引が行われるようになる。文明の誕生である。

　また、市場や街の機能を管理する者が必要になる。街の実力者が、ルールを作り、調停や裁判を行い、都市計画を遂行し、政治を行うようになった。この実力者が王となっていった。都市国家の誕生である。

　つまり、交通の要所に市場が誕生し、それが都市へと進化する。そこに文明が栄えたのである。そして、都市の人口が増えて食料の需要が増えると、都市国家周辺の荒野を開墾して、都市住民用の食料を生産し始める。自給自足のための農作ではなく、業としての大規模な食料生産、すなわち業としての農業の誕生である[9]。

　農業の発展には、大規模な治水が必要である。治水には大人数の動員が必要とされる。やがて都市国家は拡大し、都市周辺の農耕地もテリトリーとして含むようになると、他国との間で問題が生じるようになる。まず考えられるのが川の水利権である。上流の国が水を使いすぎると、下流の国が使う水が減る。雨が少ない年は、とくに大きな問題になる。戦争が起きることもあるだろう。結果として都市国家同士が統合し、国家へと発展していった。歴史は、市場⇒都市（都市国家）⇒国（王朝）と進んでいったのである。

---

[8] たとえば、暦で酉（とり）の日にだけ寺社の境内で市場が開かれたことが、現代でも酉の市として残っていたり、暦で4や8の日に市場が開催されたことから四日市（三重県）や八日市場（千葉県）という地名が残ったりしている。

[9] 歴史学では、農業の後に商業が起きたという。すなわち農業が発達して余剰生産物ができたから、それを取引するために商業ができたという。これに対して経済学では、需要が供給を引っ張るという考え方がある。つまり、商人が買ってくれるから自分が食べる以上の農作物を作り、その結果、業としての農業が成立したとする。

3.2 貨幣の誕生

人々が分業することにより、取引を行わなければならなくなったときに、貨幣（お金：money）が生まれた。物々交換よりも、貨幣があったほうが便利だからである。

主食が米の地域では、米が貨幣になったかもしれない。漁業を行い肉を欲するI君は、魚市場で魚と米を交換し、その米をもって肉市場に行って米と肉を交換すれば効率的である。たとえ、その日は肉がなかったとしても、米は主食だから、貯蔵しておけば自分で食べることもできるし、次に市場に行く日に持参して肉と交換することもできる。

しかし、米はやがて腐ってしまう。そこで腐ることのない貝殻が、次には金属が、さらには錆びない金や銀が「貨幣」として使われるようになっていった。そして、経済が発達し大金を動かす時代になると、重い金や銀ではなく、それらの預かり証である「紙幣」が貨幣として使われるようになった。

金や銀は食べることはできない。紙幣は価値さえない紙切れである。にもかかわらず、人は喜んで貨幣として受け取る。理由は、便利だからだ。貨幣がないと不便だから、人は紙切れにすぎない紙幣を貨幣として受け入れる。

3.3 17世紀の危機

ヨーロッパの16世紀は、大航海時代とルネッサンスに代表される繁栄の世紀だった。しかし、次の17世紀は、夏にもかかわらずロンドンのテムズ川が凍結したという記録があるほどの、小氷河期といわれる寒冷化が起きた。

農作物の不作から深刻な食料不足が生じ、黒死病（ペスト）も流行した。社会不安のなか、中世に戻ったかのような魔女狩りと宗教裁判が横行した。

社会の混乱により、それまでの中世封建制が崩壊し始めた。国王が秩序維持のため強権を発動したことから、貴族たちの反感を買い、農民たちの一揆も頻発した。また国際的にも、王朝（国）同士の戦争が頻発した。ヨーロッパの17世紀の100年間で、戦争のなかった時期はわずか4年しかなかった。

王朝間の戦争は食料の争奪に宗教対立も絡んで激しさを増し、とくにヨー

ロッパのほとんどの王朝が介入した30年戦争では、黒死病の流行もあって主戦場となったドイツ地域の人口の3分の1が失われた。

このような困難を乗り越えるための方策が、議会制政治・国民国家・内政不干渉・自然科学、そして経済学であった。

3.4 経済学の萌芽

経済を研究する学問は、経済学の父とよばれるスミスよりも前の時代、17世紀に誕生した。

当初のテーマは、効率的な税金の取り立て方の研究であった。17世紀を通じて権力を増した国王は、国内の支配強化と対外戦争に莫大な資金を必要とした。そこで税金の効率的な徴収方法を家臣たちに諮問した。

税金をたくさん得るためには、まず税率を上げることが考えられる。しかし、税率を上げすぎると民が貧窮して経済活動が停滞し、かえって税収が減少する。さらに、高い税率では一揆が起きる可能性が高くなり、国内の反乱を抑えるためのコストが増加する。

イギリスにおける議会対国王の対立は、税金に関することであった。そこで優位に立った議会は、税金の集め方と使い方を審議する場となった。そして国王から議会へと政治の実権が移り、議会制民主主義が発展していった。

やがてイギリスは、世界で初めて産業革命を成功させた。しかし、この新しい社会は人類が初めて経験することであり、何が正しく、何が正しくないのかもわからない、いわば未知の時代だった。そのなかで経済学が誕生し、目指すべき方向を指し示したのである。

3.5 古典派経済学

現代において主流となる経済学の源流を形成したのが、古典派経済学である。古典派経済学とは、スミスを祖とし、18世紀後半から19世紀前半におけるデヴィッド・リカード、トマス・ロバート・マルサスなどのイギリスの経済学者に代表される労働価値説を基礎とした経済学のことをいう（⇒第2

章 4)。

　古典派の経済学者たちは、産業革命が社会に大きな影響を与えはじめた時代に、各個人が自己の利益を追求する社会が、どのようなものになっていくのか、なぜ混乱とともに崩壊しないのかを研究した。

　古典派では、経済の主役は市場とそこで形成される価格による調整機能を担う見えざる手であり、政府は経済に介入しない自由放任主義を主張した。そこでの政府の役割とは、国防と治安維持や消防など必要最小限の活動にとどまるべきであり、その国家観は夜警国家といわれた。

3.6　限界革命

　1870年代、経済学に限界革命が起きた。ウィリアム・スタンレー・ジェヴォンズ（英1835年〜1882年）、カール・メンガー（墺1840年〜1921年）、レオン・ワルラス（仏1834年〜1910年）の3人の経済学者が、ほぼ同時にかつ独立に限界効用理論にもとづく経済学の体系を樹立し、新古典派経済学を確立した（⇒第3章2.2）。

　とくにワルラスは経済学的分析に数学的手法を積極的に活用し、数理経済学[10]の父といわれる。それまで哲学的であった経済学が、自然科学のように数学で理論武装され、社会科学としての姿を現した。

　また、経済の主役は需要者である消費者と、供給者である企業であるとして、需要と供給の研究が行われた。現代のミクロ経済学の内容は新古典派の研究の成果であり、限界革命からの経済学をマーシャルがまとめたものが、現代のミクロ経済学のベースとなっている。

---

10)　経済現象を数理モデルを用いて数学的に解析し、説明する経済学の分野をさす。19世紀において、アントワーヌ・オーギュスタン・クールノー（仏1801年〜1877年）、レオン・ワルラスやフランシス・エッジワース（英1845年〜1926年）らにより数学の経済学への応用が試みられた。

第1部　市場と価格

第1章
市　場

　世の中に存在する資源や資金は、希少である。ミクロ経済学の要旨を一言で表現すれば、希少な資源をいかに無駄なく、人々に配分することができるかという1点に絞られる。その目的のために、ミクロ経済学はとりわけ市場の機能に着目し、そのなかで各経済主体（家計、企業、政府）がどのように行動すべきかを探求するのである。

　本章では市場と価格を学習する。市場で決定される価格によって取引をすれば、消費者や生産者が、最も効率的な行動をとることができると考えるからである。

1　経済主体

　消費者と生産者が、ミクロ経済学の主役である。ミクロ経済学では、経済主体の最小単位と定義される家計（消費者）、企業（生産者）などが行う、経済的な取引と市場をその分析対象とする。

　人は、誰もが消費者である。商店で食料やさまざまな財を購入し食べたり使ったりするだろう。消費者であるあなたは、どう行動すべきであろうか。まず考えられることは、同じ商品ならば、なるべく安く買おうとするだろう。収入が一定であるとき、ある商品を安く買えれば、より多くの他の商品を買えるからである。

ここまで、消費者や生産者という用語を使った。たとえば消費者とは、経済活動を行う基本的単位である経済主体の1つである。人は十人十色といって、それぞれ好みが違うため、消費する財も異なるだろう。とはいえ、一定の予算のなかでさまざまな財やサービスを消費しているという点では共通している。そこで1人1人ではなく、代表的な消費者をモデルと想定して、経済主体の1つとして研究対象とするのである。

スミス以降の古典派経済学では、階級分類に従って、資本家、労働者、地主を経済主体と考えた。1870年以後の新古典派経済学では、行動パターンの違いにより、生産者と消費者を経済主体と考えた[1]。

マクロ経済学が登場すると、経済循環を考えることから、企業、家計、政府と、さらに外国を加えて4つを経済主体とする分類が登場した。図表1-1では、資金の流れも考慮して、銀行などの金融機関も追加している。

企業　生産要素市場で各生産要素（財・サービスの生産を行うための基本的な資源で、土地、労働、資本）を購入して生産活動を行い、生産物市場（消費者と生産者が生産物を取引する市場）で家計に財やサービスを提供して収入を得ている。

なお、生産要素市場のうち、企業の設備資金など返済までの期間が長い資金の融通・取引が行われる市場をとくに資本市場とよび、労働者と企業との間で労働を一種の商品として取引する市場を労働市場とよぶ。

家計　家計は、市場において労働者、消費者、および資金供給者としての側面をもっている。まず労働市場では、企業に労働を提供し、収入を得ている。また生産物市場では、労働によって得た収入で消費活動を行う。さらに資本市場では、株や債券を購入（投資）したり、銀行などの金融機関に預金（貯蓄）したりして、企業に資金を提供する。

---

1)　ヨーゼフ・シュンペーター（墺 1883年～1950年）は、これに加え、技術革新の推進者としての起業家と、彼らを援助してその行動を可能にする銀行家を加えた。

図表 1-1　経済の仕組み

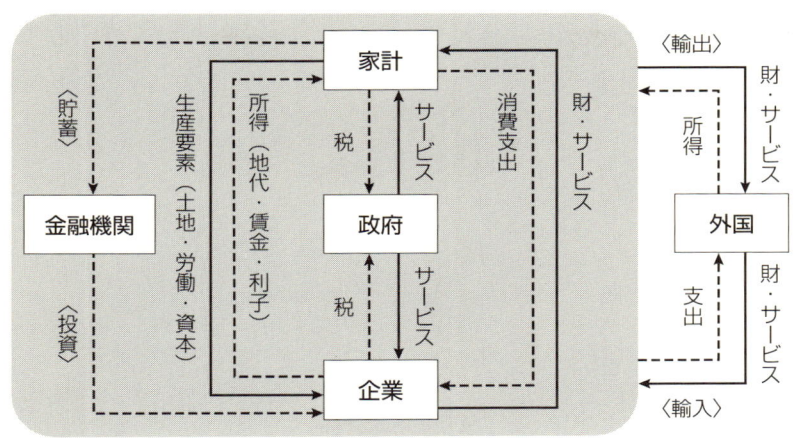

出所：筆者作成。

政府　家計から所得税、企業から法人税などを徴収し、それらを財源として道路や橋などを建設する公共事業を行ったり、学校や消防などの公共サービスを提供したりする。

外国　輸出や輸入を通して、国内の経済活動とかかわりをもっている。国内で生産した自動車を輸出したり、中東から原油を輸入したりするなどの貿易活動がこれにあたる。

金融機関　家計の貯蓄を預かり、その資金を企業などに融資する。また、社債や株式の発行業務などを通じて企業の資金調達を円滑にしている。

2 司令塔なき経済

　経済には、生産者や消費者として多くの人がかかわっているが、経済全体を指揮する指導者はいない。それでも、電車やバスは動き、食料や商品は店頭に並び、私たちは豊かな消費生活を送っている。

　現在の主流の経済体制を、自由主義経済という。このシステムは、人々が政府などの関与を受けず、市場で決定される価格をシグナル（信号）として自分の利益になるよう自由に行動すると、市場の調整機能によって経済全体がうまく運営されるため、市場主義経済ともいわれる。

2.1　見えざる手

　「見えざる手」とは、A. スミスの『諸国民の富（国富論）』に現れる有名な言葉で、最適な資源配分を達成する、市場の調整機能を象徴している。スミスは、『諸国民の富』のなかで次のように述べている。

> 「われわれが食事できるのは、肉屋や酒屋やパン屋の主人が博愛心を発揮するからではなく、自分の利益を追求するからである。」

　つまり、個々人が自己の利益を追求するように行動しても、市場を通すと、まるで神の見えざる手が働いたかのように、全員にとって最も望ましいように調整され、社会全体の利益に貢献するという考え方である。

2.2　価格のシグナル機能

　市場において、個人の自己利益を追求する行動が経済全体をよくするのは、市場で決まる価格が、シグナル（信号）となるからである。生産者も消費者も、自分の利益になるように価格の動きをみて行動すると、経済全体がうまくまわる。

　生産者についてみてみよう。たとえば、北半球で異常気象が起こり、小麦が不作となり、市場に出回る小麦が不足して価格が上昇したとしよう。する

と、南半球の農民たちに市場での小麦価格の上昇がシグナルとして届く。すると、農民たちは、小麦を例年よりも多く生産すれば儲かると考えるだろう。そこで彼らが小麦を増産すると、供給量が増加して小麦の不足と価格上昇を解消してくれる。

次に消費者についてみてみよう。たとえば、スマートフォンの普及で携帯電話が売れなくなったとしよう。売れ残りが多くなり、値崩れを起こし出すと、儲からなくなった企業は損失を避けようとして携帯電話の生産を停止するだろう。そして、携帯電話の生産に使われていた資源（ヒト、モノ、カネ）を使って、もっと儲かる、すなわち人々が欲する（需要する）製品を作ろうとするだろう。

価格の動きによって、それに対応して供給者が自己の利益を追求するように行動を変える。すると、結果として資源が人々のニーズに応じて適切に配分される。

2.3 インセンティブ

インセンティブとは、人の意欲を引き出すために外部から与える刺激のことをいい、誘因などとも訳される。やりがいを与えたり、奨励金・報奨金その他の報酬を期待させたりして、物事に取り組む意欲を高めようとする。また、課税は逆のインセンティブを与える。

人は自分の利益になるなら、喜んで行動を起こす。逆に、損失を避けたいときにも進んで行動する。ならば、社会として、個人や企業の利益追求が、社会全体の利益になるようなシステムを作れば、一石二鳥になる。

たとえば、省エネルギーを推進するために、自家用車の使用削減を社会に訴えた場合を考えてみよう。誰しも省エネの大切さは理解するだろうが、自家用車の使用を控えるかどうかは人によって異なるだろうし、一時は控えたとしても、車の便利さを捨てられずにまた使い始めるかもしれない。人々の倫理に訴えても、全員の協力を得るのは難しいのである。

では、ガソリンに環境税を課したらどうだろうか。自家用車に長く乗るほ

ど、多くの税金を支払うことになる。ならば、人はできるだけ自家用車を使わないようになるだろう。そうすれば、社会全体として自家用車の使用を抑制することが期待できる。

産業革命によって、人々は豊かになった。その功績は、数々の発明や発見など自然科学の発展の功績にみえる。しかし、なぜ、発明・発見が行われるか。それは発明・発見をした者や企業・グループが多くの報酬を得られるからである。たとえ発明者当人は金もうけを狙っていなかったとしても、結果として発明者が金と名誉を得られるのをみれば、後進の者たちは必死に努力するだろう。

近年では、地球環境問題が注目されている。地球環境に優しい製品がどんどん売れるという経済社会を作るための工夫も、現代の経済学の課題であり、これを研究する学問を環境経済学という。

地球環境問題の解決策は、自然科学の問題だと思う人も多いだろう。しかし、地球環境問題を起こしているのは人間の行動である以上、人間の行動を規定するインセンティブが大きな影響力をもつ。産業革命が科学の発展と経済学の車の両輪で進歩したように、地球環境問題も、科学と経済学が車の両輪となってはじめて解決できるのである（⇒第13章）。

3 便益と費用

利益とは、便益から費用を差し引いたものである。企業では、売上高（収益）から費用を差し引いた残りを利益という。経済学では、さらに消費者が財・サービスの消費から得る満足度を便益という言葉で表し、その便益を生み出すために必要な対価を費用とよぶ。

3.1 フリーランチ

市場で取引を行う場合、対価としてお金を支払わなければならない。このことを欧米では「市場にフリーランチはない」と表現される。もし、お金を

支払わない人が財やサービスを手に入れられると、たんに不公平であるだけでなく、その人が支払うべき分が価格に上乗せされるなどして価格形成に悪影響を与えるため、本来なら市場が実現するはずの資源の効率的な配分が歪められてしまう。

3.2　意思決定

　生産者や消費者が、市場において自己の利益を追求する活動をするときには、便益と費用を比較しながら意思決定をしている。

　たとえば、あなたが700円のラーメンを食べたとしよう。このとき、あなたは700円という費用よりも、ラーメンを1杯食べることによって得られる便益（効用）[2]が大きいと判断したことになる。

　生産者や消費者は、市場において意思決定する際に、常に便益と費用を比較して、費用以上の便益があると判断したときに行動をとることになる。

3.3　特殊な費用

　普段は意識されないが、意思決定の際には決して無視できない特殊な費用がある。

機会費用　　ある行動を選択することで失われる、他の選択肢を選んでいたら得られたであろう利益[3]のことを機会費用という。これは会計上の費用の発生や金銭支出をともなわずに発生する経済学上の費用のことであり、実際に金銭支出がないために、知らないと意識されないことが多いことから、なおのこと重要な概念である。

　海外でも活躍した元プロサッカー選手の中田英寿氏は、高校を卒業した後、大学に進学すべきか、誘われているJリーグのチームに入りプロになるべき

---

[2]　消費者の便益を、効用という（⇒第3章2）。
[3]　選択肢が複数あるときは、それらのうちの最も大きな金額となる選択肢を選んだ場合の金額を用いる。

かの選択を迫られた。そのとき、大学に通う4年間でプロとして得られるであろう収入を含めて生涯所得を計算し、大学へ行かずにプロの道を選んだという。

大学生活にも多くの費用がかかる。その費用を計算するには、実際に支出する金額だけでなく、中田氏のように、もし異なる選択をしていたら得られたであろう収入（機会費用）を含めて計算しなければならない。

埋没費用　経済活動におけるもう1つ重要な費用に、埋没費用（サンクコスト）がある。埋没費用とは、事業に投下した資金のうち、事業の撤退・縮小を行ったとしても回収できない費用をいう。

たとえば、あなたが巨人ファンで、巨人－阪神戦のチケットを3,000円で手に入れ、東京ドームに観戦に行った。しかし、ドームに着いたら3回の裏ですでに10対ゼロの大差で巨人が負けていたため、その試合への興味はなくなってしまった。このようなとき、あなたは試合を見続けるべきか、それとも途中で東京ドームを退出して、残りの時間を有効に使うべきか。

- 観戦を続けた場合……チケット代3,000円と残りの時間（2時間かも3時間かもしれない）を失う。
- 観戦を途中で止めた場合……チケット代3,000円と退出までの時間は失うが、残りの時間を有効に使うことができる。

この場合、チケット代3,000円と退出までの時間が埋没費用である。この埋没費用は、上記のどちらの選択肢を選んだとしても回収できない。したがって、時間を浪費してまで、つまらないと感じる野球を見続けることは合理的ではなく、途中で退出して、残りの時間を有効に使うことが合理的な選択である。

しかし、多くの人は「払った3,000円がもったいない」などと考え、試合を見続けることによって時間を浪費してしまいがちである。

ところで、その試合を観戦しているうち、奇跡的に巨人が逆転し、結局、

その試合を楽しめたとしても、チケット代3,000円と退出までの時間は埋没費用である。ある費用が埋没費用であるか否かは、その費用の回収可能性だけで判断される。

4 分 業

　分業によって生産の効率が高まり、生産量が増加することをすでに学んだ。分業の有利さを数値によって証明したのが、スミスの次の世代の重要な古典派経済学者であるイギリスのデヴィッド・リカード[4]が提唱した比較生産費説である。

4.1 絶対優位と比較優位

　比較生産費説を学ぶ前に、絶対優位と比較優位という概念を学ぼう。

　今、ピンとネジを作る会社でA君とB君が働いていたとしよう。もし、A君はピン作りに、B君はネジ作りに優れているなら、分業してお互いに優れているほう（これを「絶対優位」という）に専念すればよい。

　では、ピンとネジの両方ともA君が優れている場合はどうなるだろう。2人の力量をみると、A君は1日かけてピンなら5万円分、ネジなら6万円分を作ることができ、一方のB君はピンなら2万円分、ネジなら5万円分を作れる（図表1-2）。このとき、分業は成立するだろうか。

　ピンとネジそれぞれにおけるA君とB君の生産高の比率をみると、ピン作りではA君が5：2と大きく勝っているが、ネジ作りでは6：5とわずか

---

[4] 1772年〜1823年。リカードは、もともとはロンドン証券取引所において、投資家同士の仲立ちをする株の仲買人（現代のマーケットメーカーにあたる）であった。株を売りたい人からいったん自分で買い取り、株を買いたい人に転売していたのである。経済情勢が良好で株価が上昇する局面であれば、先に株を安く買って後で高く売ることによって利益を得られた。

　そこでリカードは、経済や景気変動に興味をもち、スミスの『国富論』を読んだことを契機として、経済学を研究するようになった。

図表1-2 1日あたりの生産金額

	ピン	ネジ
A君	50,000円	60,000円
B君	20,000円	50,000円

図表1-3 半日あたりの生産額とその合計

	ピン	ネジ	合計
A君	25,000円	30,000円	55,000円
B君	10,000円	25,000円	35,000円
合計	35,000円	55,000円	90,000円

図表1-4 分業した場合の生産高

	ピン	ネジ	合計
A君	50,000円	0円	50,000円
B君	0円	50,000円	50,000円
合計	50,000円	50,000円	100,000円

に勝っているだけである。このとき、ピン作りについてA君はB君に対して比較優位、ネジ作りではB君がA君に対して比較優位にあるという。

では、A君とB君の2人で、ピンとネジの生産高を最も多くするには、どうすればよいだろうか。たとえば、2人がそれぞれ半日ずつピンとネジを作ると、2人で1日あたり9万円分のピンとネジを作ることができる（図表1-3)。あるいは、それぞれが最も得意なものを作ったら…ネジは11万円分

図表1-5　1単位あたりの生産コスト表

	自動車1台	原油1トン
X国	50万円	6万円
Y国	100万円	7万円

も作れるが、ピンを作る人がいなくなってしまう。

そこで、先ほど学んだ比較優位を用いてみよう。A君はピン作りに、B君はネジ作りに専心するのである（図表1-4）。すると、ピンが5万円分、ネジが5万円分、合計10万円となり、2人がピンとネジを半日ずつ作るよりも多くの生産高をあげることができる。

つまりA君は、集団（例では2人）のなかでピン作りの勝り方が最も大きければ、たとえネジ作りのほうが得意であってもピンを作る。一方のB君は、一番になれるものがなくても、より劣り方の少ないもの（ネジ）を作ればよい。すると、集団全体での生産高をより大きくすることができるのである。

4.2　比較生産費説

次に、国による分業について学んでみよう。リカードは、もともと国同士の分業である国際分業について、（比較優位説の理論をもとにした）比較生産費説を提唱した。この理論を使って、お互いの国が関税や非関税障壁を廃止して、自由貿易を行うことの正当性を主張したのである。

今、工業国であるX国と資源大国であるY国があったとしよう。両国とも人口などはほぼ同じであり、ともに1年間に乗用車100万台と原油600万トンの需要があったとする。ところが、自動車と原油それぞれ1単位の生産にかかるコストが図表1-5のとおりだったとしよう。

工業国であるX国は科学技術も進んでおり、自動車の生産コストが低い

図表 1-6　自国生産の場合の費用表

	自動車	原油	合計
X 国	5,000 億円	3,600 億円	8,600 億円
Y 国	1 兆円	4,200 億円	1 兆 4,200 億円
合計	1 兆 5,000 億円	7,800 億円	2 兆 2,800 億円

だけでなく原油の生産コストも低い。コストは低いほど優位なので、X 国のほうが、自動車・原油の生産ともに絶対優位であり、Y 国は絶対劣位である。

もし、貿易が行われなかったらどうなるだろうか。図表 1-6 は、両国が貿易を行わず、国内需要をすべて自国で生産する場合の生産コスト総額の表である。

リカードによれば、比較生産費説を唱えた。比較優位にある財をその国がすべて生産するという国際分業を行い、必要な分は貿易で補うと、全体の生産コストを低く抑えることができるという。

図表 1-6 の数値例では、X 国は自動車が比較優位で原油が比較劣位であり、Y 国は自動車が比較劣位で原油が比較優位である。

図表 1-7 は、X 国が原油生産は行わず自動車を 2 国分の 200 万台生産し、Y 国が自動車生産を行わず原油を 2 国分の 1,200 万トン生産し、貿易を行った場合の生産コスト表である。ここでは単純化のため、費用金額のみの例をあげた。ここで労働の生産性や資源・エネルギーの消費もコストに含まれる。

よって互いの国が自国の比較優位な産業に特化して、自由貿易を行う国際分業体制を確立したほうが、国際経済における無駄のない効率的な国際分業体制が作れることがわかる。

図表1-7 貿易がある場合の費用表

	自動車	原油	合計
X国	1兆円	ゼロ	1兆円
Y国	ゼロ	8,400億円	8,400億円
合計	1兆円	8,400億円	1兆8,400億円

5 ショートサイドの原則

　大学生の就職活動において、「売り手市場」「買い手市場」という言葉がある。景気が良くて企業が多くの新入社員を雇用しようとするときは、労働力の売り手である大学生は、余裕をもって就職活動を行うことができる。これを「売り手市場」という。

　しかし、景気が悪く企業が採用枠を減らしてしまうと、主導権は労働力の買い手である企業側となり、就職活動をする大学生は、大変な苦労をすることになる。これが「買い手市場」である。

　売り手と買い手が、市場において取引を行うとき、一般に売り手の供給量と買い手の需要量の少ないほうが主導権を握ることになる。これをショートサイドの原則という。

第2章

商 品

　人はなぜ商品を買うのか。それは欲求を満たすためである[1]。お腹がすくと食欲を満たすために食べ物を買ったりレストランに行ったりする。自分をきれいにみせたいという欲求を満たすために、きらびやかな宝石を買う。自分が入院したときの費用をまかなうために、保険という金融商品を買う。

1　効　用

　人が財やサービスを消費したときに得られる喜び（快楽、感動、満腹感など）にあたる概念を、効用または満足度とよぶ。これは、商品がもつ、人の欲求を解決して満足を与える力であり、商品の価値ともいえる。
　たとえば、ラーメンを食べたとしよう。経済学ではラーメンを購入し食べることを消費するというが、人が商品を消費することによって得られた満足度が効用である。
　分業によって経済が誕生した。人々は、自身が生産している商品を市場で

---

1) 実は、人が消費する理由は考えられていない。スミスは『国富論』のなかで、人が消費をすることは自明のことであり、論ずる必要がないとしている。
　しかし、人にモノを売るセールスの理論を扱う経営学においては、人がなぜ買うのかを考えることが重要になってくる。人が買う理由（ニーズやウォンツという）を知ることが、消費者に買ってもらえる商品を作ったり売上を増やすポイントとなるからである。

売って、他者が生産した商品を市場で購入する。

そして購入した商品のもつ効用でさまざまな欲求を満たすのである。効用こそが、商品が売買取引される基準である。

2　希少性

効用は、その財やサービスがもつ希少性と深い関係がある。たとえばクッキー1個の価格は、1個目に食べるクッキーも10個目に食べるクッキーも同じである。しかし、効用は同じとはかぎらない。

2.1　ウォーチェルの実験

社会心理学者のステファン・ウォーチェル[2]は、透明な瓶に入っているクッキーを被験者に食べてもらい、その味の評価をしてもらう実験を行った。

半数の被験者にはクッキーが10個入った瓶を渡し、残りの半数の被験者にはクッキーが2個しか入っていない瓶を渡した。どちらも同じクッキーである。そこから1個のクッキーを取り出して食べてもらい、クッキーの味の評価を聞いた。

すると、同じクッキーにもかかわらず、10個のうちの1個を与えられた被験者よりも2個のうちの1個を与えられた被験者のほうが、より好意的な評価をした。同じクッキーでも、残り少ないなかから与えられた場合のほうが、より美味しいと評価されたのである。ここからウォーチェルは、人は手に入りにくいものほど、貴重だと考える心理傾向をもっているとした。

さらに、はじめに10個入りの瓶をみせた後に、みんなが食べてしまって2個だけ残った瓶を渡した場合も検証した。被験者はたくさんあったクッキーが少なくなってしまったと認識する。その結果、同じクッキーに対して最初から少なかった場合よりも好意的な評価をすることがわかった。

---

[2]　アメリカで活躍するスウェーデン出身の社会心理学者。ハワイ大学教授。

2.2 希少性の原理

希少性とは、必要とされる量に比べて利用可能な量が少ない状態をいう。ウォーチェルの実験から、人は、手に入りにくいモノ（希少なモノ）ほど、欲するものであることがわかる。少ないものの価格は高く、たくさんあるものの価格は安いという現象を希少性の原理という。

スミスは、水とダイヤモンドの価格について、価値のパラドックスを指摘した。人間は水がなくては生きていけないが、ダイヤモンドはなくても生きていける。にもかかわらず、水よりもダイヤモンドのほうが、価格が高いのはなぜか。

これは、スミス以降の経済学者たちを悩ませてきた問題であった。1870年代に起きた限界革命によって希少性の原理が認識され、ようやく解決したのである。

すなわち、通常の社会では、水はふんだんに存在するが、ダイヤモンドは人が欲しがる量よりも少ない。だから水に比べてダイヤモンドのほうが高い価格がつくのである[3]。

3 財・サービス

市場で取引される商品を、経済学では財・サービスという。財とは有形のものをさし、サービスとは無形のものをさす。一般的にサービスというと、無料であったり値引きしたりすることを思い浮かべる。しかし、経済学では役務の提供であり、取引対象であり、有償であり、有形の財と変わらない。

---

[3] ある財が人々の欲求を満たす力（有用性）を使用価値という。人間が生きるうえで水は不可欠なので、高い使用価値をもつことになる。しかし、もし水を安価で入手できるなら、誰も自分の財を与える対価として水を受け取ろうとはしないだろう。このように、他の財と交換される際の価値の大きさ（比率）を交換価値という。この場合、水は使用価値が高いが、交換価値は低いことになる（ただし、砂漠のように水が乏しければ、水の交換価値が高まるので、取引価格も高くなる）。ここから、財の交換価値（価格）は、希少性と深く関係していることがわかる。

3.1　グッズとバッズ

循環型経済を考えるとき、財・サービスはグッズ（goods）とバッズ（bads）に分けられる。おおむねグッズとは商品であり、バッズはゴミである。グッズを生産しバッズを出す動脈産業と、バッズをグッズに変える静脈産業がある。

3.2　経済財と自由財

希少性がある、すなわち供給が有限であるために価格がつき経済取引の対象となるものを経済財という。それに対し、供給が無限もしくは無限に近いために価格がつかず、経済取引の対象にならないものを自由財という[4]。

3.3　正常財と劣等財

財やサービスは、所得との関係で正常財（上級財）と劣等財（下級財）とに分類できる。通常、景気が良くなり人々の所得（収入）が増加すると、人々は財・サービスを買いやすくなり、購入量（需要量）も増加する[5]。

所得が増加（減少）すると購入量も増加（減少）する財を正常財（上級財）という。多くの財・サービスは正常財である。

それに対し、所得が増加（減少）すると、購入量が減少（増加）する財を劣等財（下級財）という。例としては扇風機があげられる。所得が増えて生活水準があがると、エアコンが売れるようになる半面、扇風機が売れなくなる。これは、所得が増加したことでエアコンへの購買力が高まり（強い所得効果）、消費者が扇風機からエアコンへと冷房手段を切り換えるためである。

---

[4]　たとえば、空気などが自由財の典型例であるとみなされてきた。しかし、今日では大気汚染や地球温暖化が深刻化し、空気といえども決して無限とはいえなくなってきた。現在、議論されている温暖化ガスの排出量（権）取引制度は、空気に価格をつけることによって経済財とし、市場で取引させることで、その消費の適正化を図ろうとする試みといえる。

[5]　これを需要の法則という（⇒第5章1.1）。

4 財の価値

　財の価値（何が商品の価値を決めるのか）についての考え方は、時代とともに大きく変わる。なかでも最も大きな転換は、商品の価値は、生産者がその商品を作るためのコスト（すなわち生産者側）が決めるという考え方から、その商品から消費者が得られる効用（すなわち消費者側）が決めるという捉え方への変化である。

4.1　労働価値説

　経済学の父であるスミスは、『諸国民の富』において、労働価値説を唱えていた。労働価値説とは、人間の労働が価値を生み、労働が商品の価値を決めるという理論である。

　スミスの後、古典派経済学を完成させたといわれるイギリスのリカードは、投下労働価値説を支持した。すなわち、財・サービスの価値は、その財・サービスを作るのに要した労働によって決まるというものである。スミスやリカードらの古典派経済学においては、労働価値説が理論の軸となり、ドイツのカール・マルクス[6]へと引き継がれていった。

　しかし、前述の水とダイヤモンドにおける、価格のパラドックスという問題を解けなかった。

4.2　効用価値説

　限界革命によって、財・サービスの価値とは、その財やサービスを消費したときに得られる効用であると考えられるようになった。これを効用価値説という。商品の効用は主観的なものであり、人やタイミングよって異なるこ

---

[6]　1818年〜1883年。プロイセン王国（現ドイツ）出身で、イギリスを中心に活動した哲学者、思想家、経済学者。マルクスによって創始された経済学はマルクス経済学といわれ、市場経済と異なり政府による経済のコントロールを行う社会主義経済を採用するソ連などの国の、理論的根拠となった。

とから、主観価値説ともいわれる。

当初の効用理論（基数的効用理論）は、人間の感情（主観）である効用を、数値（あるいは金額）として測定できることを前提としていた。たとえば、レストランでメニューを広げたときに、価格は数値として明示されている。

しかし、同じビーフシチューであっても、人によって効用は違う値となる。その主観的な効用を、数値化できるであろうか。ワルラスたちは数値化できることを前提として理論を展開したが、それに対して多くの批判を浴びた。この批判に対して説明を行ったのがパレートであった。

4.3 序数的効用理論

ワルラスの後継者であるイタリアのヴィルフレド・パレート[7]が、序数的効用理論を発展させた。序数的効用理論とは、効用を数値として表すことはできないが、順序づけは可能であるとする理論である。たとえばメニューをみたときに、各料理の効用を数値で表すことはできなくとも、食べたい順番をつけることは可能だとするのである。

効用を数値として測定しなくても、ある特定の個人について、ある状況と他の状況を比較して、優か劣か、または等しい（無差別）かということを判断できれば、それぞれを数量にする必要はない。効用の比較さえできれば理論は成り立つことをパレートは証明した。

---

[7] 1848年～1923年。パリで生まれたイタリア人の技師、経済学者、社会学者、哲学者。1893年にワルラスの後任としてローザンヌ大学で経済学教授に任命され、経済学における一般均衡理論（ローザンヌ学派）の発展に貢献した。また、社会学者としても、最も重要な1人とされている。

第3章

消費者

　人は、誰もが消費者である。それでは、消費者が最も効率的に行動するには、どうしたらよいであろうか。いうまでもなく、資源や商品は希少なものであり、消費者は無限に商品を買うことはできない。予算が限られていることを前提とすると、消費者の目的は、限られた予算のなかで効用（満足度）を最大化することであるといえる。

1　消費者の選択

　消費者は、限られた予算の範囲内で、効用を最も高められるように財・サービスをバランスよく買わなければならない。予算が足りないため、買いたいモノのうち買えないモノも出てくる。

　それでは、何を買い、何を諦めるのであろうか。まず生きるために必需である食べ物から選択し、続いて衣服・住居関連のモノを、そして予算が余ったらレジャーや贅沢品を……と、優先順位をつけていくのではないだろうか。

　そして消費者は、数多くある財・サービスのうちのどれとどれを買うかといった組み合わせを考え、最も効用が高い組み合わせを選択するのである[1]。

---

1)　人は、消費する財やサービスの限界効用が均等になるよう選択したときに、最も高い効用を得られる（限界効用均等の法則）（⇒第3章4.3）。

2 効用の極大化

効用の重要な特徴として、変化することがあげられる。たとえば、水の効用は普段あまり意識しないが、砂漠で水の効用が高いことは容易に想像できる。また、アイスクリームを夏と冬に食べるのでは効用が違うだろう。

さらに細かくみてみよう。たとえばイチゴがあったとする。1個目に食べるイチゴは実に美味しい（効用が高い）。しかし、2個、3個と食べていったらどうなるだろうか。

2.1 総効用

人が消費したことによって得られる効用の合計を、総効用という。イチゴを1個食べたときよりも、2個食べた後のほうが総効用は増えるだろう。ただし、食べるイチゴの数をゼロから1個ずつ増やしていくと、効用の増え方は次のように変化するだろう。

- イチゴの数をゼロから増やせば、総効用は大きく増える。
- 食べるイチゴの数が増えるに従い、総効用は少ししか増えなくなる。
- さらにイチゴを食べると、総効用はほとんど増えなくなる。
- 食べるイチゴの数が多すぎると、総効用は減るかもしれない。

2.2 限界効用

図表3-1をみてみよう。左側のグラフは、横軸にイチゴの数（X）をとり、縦軸に総効用（U）をとっている。1個目のイチゴの効用は高い。2個、3個と食べるイチゴの数を増やしていくと、総効用は増えていくが、イチゴ1個を追加的に食べたときに得られる効用は小さくなっていく。

そして、5個目のイチゴの1個あたりの効用の増分がゼロであり、6個目からは効用の増分がマイナスになっていくことがわかる。

追加した1単位分の効用を、限界効用（Marginal Utility: MU）という。イ

図表3-1 限界効用逓減の法則

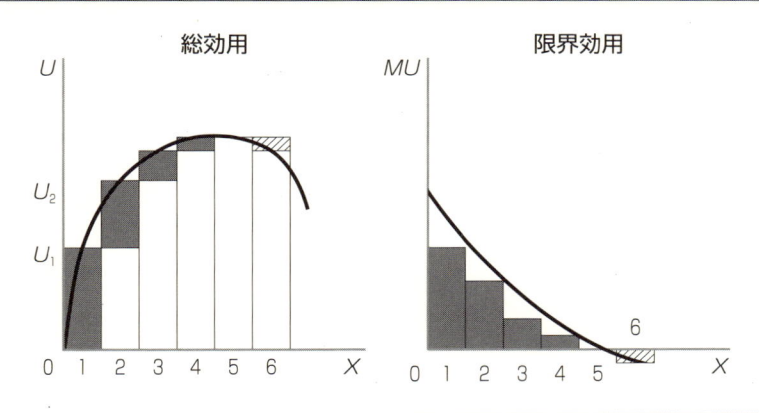

チゴを食べれば食べるほど、限界効用は小さくなっていき、ある水準を超えるとマイナスの値をとることもありうる。

　一般に、財の消費量が増えるにつれて、財の追加消費分（限界消費分）から得られる効用は次第に小さくなるとする考え方を、限界効用逓減の法則またはゴッセン[2]の第1法則という。これを表したグラフが、図表3-1の右のグラフである。横軸はある財の消費量をとっているのに対して、縦軸は限界効用をとっている。

　図表3-1の両グラフを見比べると、総効用が最大になっている消費量のところ（5個目）で、限界効用がゼロになっていることがわかる。また、総効用が減少しているところ（6個目）では、限界効用がマイナスの値になっている。

---

[2] ヘルマン・ハインリヒ・ゴッセン（1810年～1858年）はドイツ（プロシア）の経済学者。1870年代に限界効用理論が示され、誰が最初に理論を公式化したかが議論されたとき、ゴッセンがワルラスなどの限界効用学者よりも早く効用理論を発表していたことがわかり、ゴッセンの名がつけられた。

3　効用と価格

次に、消費者がさまざまな財のなかから何をどれだけ選ぶかについて考えてみよう。

まず、効用が高い財を選ぶことが考えられる。また、価格も重要な判断基準になるだろう。あなたがどんなに好きだといっても、非常に高価なものを好きなだけ買うことはできない。

さらに、イチゴの例でみたとおり、限界効用逓減の法則（ゴッセンの第1法則）により、1個目のイチゴに比べ5個目のイチゴの効用は低い。にもかかわらず、イチゴ1個の価格は何個目であろうと同じである。

このように考えると、消費者が財を選択するときは、各財の効用と価格の両方を基準として選択するといえる。私たちがレストランに行くと、まずメニューをみて注文したい飲み物や食べ物を価格をふまえて決める。

「お値段以上」というキャッチコピーを使うチェーン店がある。これも効用と値段（価格）との比較が重要であることを示している。一般的には値頃感といわれるものである。

4　財の選択

ミクロ経済学の目的の1つは、経済主体がとるべき合理的な行動とは何かを明らかにすることである。ここまで、消費者は財の効用と価格の両方を基準に選択していることを学んできた。消費者は（意識的ではないかもしれないが）限界効用を価格で除した、1円あたりの限界効用の高い順に財を選択している。

4.1　価格変化

簡単な数値例でみてみよう。効用の高さを数値で正しく表せると仮定し、あなたにとってチョコレートケーキ1個の効用は2,000であり、イチゴケー

キの効用は 1,700 であったとしよう[3]。もし、チョコケーキとイチゴケーキの価格が同じ 200 円ならば、チョコケーキを選ぶだろう。

　　1 個目のチョコケーキ 1 円あたり限界効用 = 2,000 ÷ 200 円 = 10
　　1 個目のイチゴケーキ 1 円あたり限界効用 = 1,700 ÷ 200 円 = 8.5

　しかし、キャンペーンなどで、イチゴケーキがチョコケーキの半額（100 円）になれば、イチゴケーキを選ぶだろう。それを式で表すと、次のようになる。

　　1 個目のチョコケーキ 1 円あたり限界効用 = 2,000 ÷ 200 円 = 10
　　1 個目のイチゴケーキ 1 円あたり限界効用 = 1,700 ÷ 100 円 = 17

4.2　効用の逓減

　それでは次に、チョコケーキを 1 個食べた後について考えよう。限界効用逓減（ていげん）の法則から、消費者の限界効用は消費する数量が増加していくごとに低くなる。チョコケーキの 2 個目の限界効用が 1,800 に下がったとして計算してみる。なお、イチゴケーキは当初のままで、効用は 1,700 で価格は 200 円とする。

　　2 個目のチョコケーキ 1 円あたり限界効用 = 1,800 ÷ 200 円 = 9
　　1 個目のイチゴケーキ 1 円あたり限界効用 = 1,700 ÷ 200 円 = 8.5

　したがって、1 個目にチョコケーキを選んだあなたは、2 個目もチョコケーキを選ぶだろう。
　さらに、3 個目のケーキについて考えよう。3 個目のチョコケーキの限界効用が 1,600 に減少したとすると、あなたはイチゴケーキを選ぶことになる。

---

[3]　好き嫌いは人によって違うなど、主観である効用を数値で表せることを、限界効用主義者のワルラスらは前提とした。これに対して他の学者から批判がなされたが、ワルラスの後継者といわれるパレートが、序数的効用によって、たとえ数値化できなくとも、主観的な効用による財の選択の理論は成立することを証明した（⇒第 2 章 4.3）。

それを式で表すと、次のようになる。

$$3個目のチョコケーキ1円あたり限界効用 = 1,600 \div 200 円 = 8$$
$$1個目のイチゴケーキ1円あたり限界効用 = 1,700 \div 200 円 = 8.5$$

4.3 複数の財の選択

それでは、財の種類を10個に増やしてみよう。図表3-2は、消費者が複数の財を選択するときに、限界効用を使って、どのように選択すべきかを表しており、メンガーによって示されたことからメンガー表といわれる。

今、10種類のケーキがあったとしよう。あなたは、どのケーキも好きだが、すべて効用が違い、図表3-2の1個目の行に示される数値としよう。すなわち、aのケーキの1個目の1円あたりの限界効用は10、bのケーキの1個目の1円あたりの限界効用は9、cは8、dは7というようにである。

また、限界効用逓減の法則から、1個目より2個目の1円あたりの限界効用が減少するとしよう。すなわち、図表3-2のaの列で示されるように、aのケーキの1個目の1円あたりの限界効用は10であり、2個目の1円あたりの限界効用は9、3個目は8、4個目は7…となるとする。

ここで予算の制約から、あなたは10個だけケーキを食べることができると仮定しよう（ケーキの価格はすべて同じとする）。どれを何個食べるべきであろうか。

たとえば、あなたが一番好きなケーキaだけを10個食べるという選択肢がある。このときの総効用は55となる。また、aからjの10種類のケーキを1個ずつ食べるという選択肢もある。この場合の総効用も55である。

では、10個のケーキを食べたときに、総効用が55よりも大きくなる食べ方はないだろうか。

順を追って考えてみよう。まず、最初にあなたにとって一番効用の大きいケーキaを食べる。2個目のケーキで一番効用の高いものはどれか。図表3-2をみると、ケーキbの1個目とケーキaの2個目の値が9である。10個食

図表3-2 メンガー表

	a	b	c	d	e	f	g	h	i	j
1個目	10	9	8	7	6	5	4	3	2	1
2個目	9	8	7	6	5	4	3	2	1	0
3個目	8	7	6	5	4	3	2	1	0	
4個目	7	6	5	4	3	2	1	0		
5個目	6	5	4	3	2	1	0			
6個目	5	4	3	2	1	0				
7個目	4	3	2	1	0					
8個目	3	2	1	0						
9個目	2	1	0							
10個目	1	0								

べるのだから、両方を食べてもまだ食べたケーキは合計3個である。そこで、aをもう1個とbを1個食べよう。

4個目のケーキは、どうだろうか。図表3-2をみると、3個目のケーキa、2個目のケーキb、1個目のケーキcの効用が8であることがわかる。この3つのケーキを食べると、6個のケーキを食べることになる。

そして、7個目のケーキはどうするか。図表3-2をみると、効用が7であるケーキが4つある。この4つを食べればケーキの数は10個となり、ここで予算いっぱいとなる。さて、総効用はいくつになっただろうか。

総効用はaが34、bが24、cが15、そしてdが7で、合計80となる。つまり、限界効用(この場合は7)が等しい4つの財を選択消費すれば、総効用は極大となる。このことを限界効用均等の法則という。

複数の財を選択する場合、人は各財の費用対限界効用の比が等しくなるように選択することがわかる。この経験則からくる法則は、限界効用均等の法則または、ゴッセンの第2法則とよばれる。

第4章

生産者

　生産者について学ぶときは、自分が企業の社長になったつもりで考えてみよう。あなたは会社の利潤（利益）を増やすように工夫したり努力したりするだろう。会社の利潤を増やすためには、収益を増やすか費用（コスト）を減らすことが必要である。

　　　　利潤（利益）＝収益－費用

　収益とは売上高に代表される収入であり、費用には人件費や地代（家賃）、原材料費などさまざまなものがある。

　本章では、主に企業の費用を分析することで、企業が利潤を極大化するための方法を学習してみよう。

1　限界収入と限界費用

　限界という概念は、効用だけではない。さまざまな現象を解明するときに、限界という概念が使われる。

　たとえば、激安価格で旅館を予約できることがある。また、航空券にも激安チケットがある。消費者にとって、実に好都合であるが、相手は利益を追求する企業である。激安でも儲けているはずである。ではなぜ、激安でも企業は儲けることができるのだろうか。

この謎を解明するには、収入と費用の限界値を学ぶことが重要である。

1.1 限界収入

限界値とは、原因となる事象の値（独立変数）が1単位だけ変化したときの、結果となる事象の値（従属変数）の変化を示す。1単位とは、限界まで小さくできる単位1つ分という意味である。そのため、限界値という名称が使われている。

たとえば、旅客機を運航して利益を得る、航空会社についてみてみよう。乗客の限界値、すなわち最小単位は1人である。

では、飛行機の乗客が1人増えたら、総収入はいくら増加するだろうか。答えは1人分のチケットの価格相当額である。よって、このケースでの限界収入は、1人分のチケットの価格となる[1]。

図表4-1をみてみよう。横軸に販売数、縦軸に収入をとると、収入曲線は原点から右上がりの直線で表される。販売数が q_0 から q_1 へと1個だけ増えると、収入は p_0 から p_1 へと増加する。この商品1個あたりの収入の増加分が限界収入であり、商品1個の価格にあたる。このとき、収入曲線の傾きは1単位あたりの増加分を表しているので、限界収入に等しくなる。

1.2 限界費用

収入に対して、費用は単純ではない。企業の費用には、家賃や人件費のように、製品などの売上高（個数）に関係なく発生する費用がある。これを固定費用という。これらの費用は、たとえ売上高（個数）がゼロであっても、支払わなければならない。

固定費用に対し、売上高（個数）が増えるに従って増加する費用を可変費用という。ここでは話を単純化して、可変費用が売上高に比例して増加すると考えよう。

---

1) 実際には、大量に買ってもらえるときなどに値引きを行うこともあるが、話を単純化するために、値引きや値上げがないものとする。

図表 4-1　限界収入

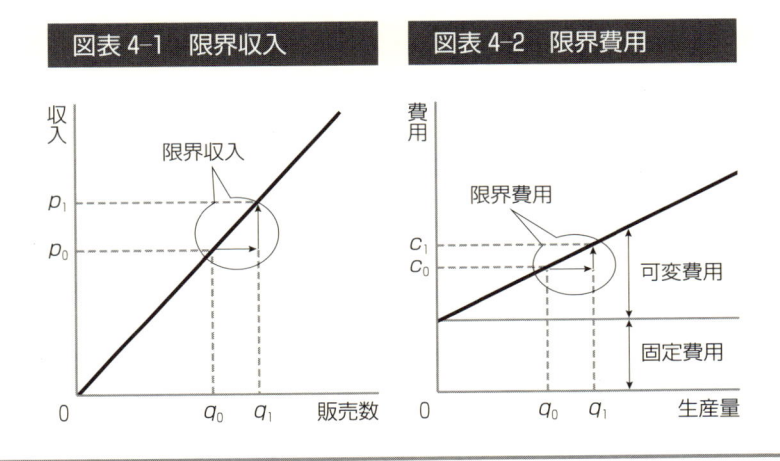

（グラフ：縦軸 収入、横軸 販売数。原点を通る右上がりの直線。q_0 のとき p_0、q_1 のとき p_1。矢印で限界収入を示す。）

図表 4-2　限界費用

（グラフ：縦軸 費用、横軸 生産量。固定費用の切片から右上がりの直線。q_0 のとき c_0、q_1 のとき c_1。固定費用と可変費用を示す。）

図表 4-2 をみてみよう。横軸に生産量、縦軸に費用をとると、費用曲線は、縦軸に示した固定費用に可変費用を加えた右上がりの直線で表される。生産量が q_0 から q_1 へと 1 個だけ増えると、費用は c_0 から c_1 へと増加する。この増加分が限界費用である。このとき、費用曲線の傾きは 1 単位あたりの増加分を表しているので、限界費用に等しくなる。

1.3　激安チケット

それでは、限界収入と限界費用という概念を使って、激安チケットの仕組みを解いていこう。

飛行機を飛ばすときに一番かかる費用は燃料費である。重い飛行機を飛ばす燃料費は、人が 1 人増えても 10 人増えても変わらない。また、パイロットや客室アテンダントの人件費も変わらない。すなわち、これらは固定費用である。空席があっても満席で飛ばしても、固定費は変わらない。

では、飛行機を飛ばすときの限界費用とは何か。搭乗者が 1 人増えるたびに追加的に増加する費用である限界費用は、せいぜい機内食の費用ぐらいだろう。

したがって、航空会社は空席がある飛行機の場合、機内食など限界費用以

上の価格であれば、定価より安くてもチケットを販売し、空席を1つでも埋めて飛行機を飛ばしたほうが、利益は増加することになる。

　旅館の場合も同様である。空室があっても満室であっても、施設を動かす費用や人件費などの固定費は変わらない。すると、旅館の限界費用とは、夕食くらいだろうか。朝食はバイキング方式にして固定費化する旅館も多い。したがって、夕食の原価以上であれば、激安価格で勧誘しても空室を埋めたほうが利益は増えるのである。

　このように、経済や会社経営において、効用にしろ費用にしろ、限界値は非常に重要であることがわかる。

2　収穫逓減の法則

　今までは限界費用が一定という場合について考えてきたが、現実にはそう単純ではない。生産量が増加すると、限界費用が増加していくことが多い。収穫逓減の法則とは、生産要素をどんどん投入していくときに、投入1単位あたりの収穫がだんだん減っていくことをいう。

　図表4-3をみながら作業場の広さと機械の数が一定である工場を考えてみよう。労働者をゼロから1人増やせば、生産が始まる。次に労働者を1人増やし2人とすれば、生産量は増える。

　ところが10人の労働者がいるところに1人増やして11人としたときは、労働者が1人増えたといっても、1人から2人に増えたときほどの生産量の増加は期待できない。

　さらに、20人労働者がいるところに1人増やし、21人とした場合はどうだろうか。作業場の広さも機械の数も一定である。もしかすると、作業場が手狭になり、生産量が減るかもしれない。

　よって、労働者の数をゼロから1人ずつ増やしていくと、次のような傾向が表れる。

図表 4-3　収穫逓減の法則

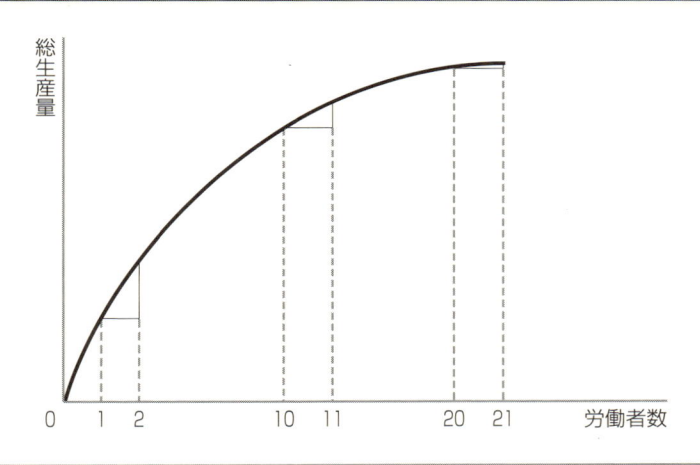

（グラフ：縦軸「総生産量」、横軸「労働者数」、0, 1, 2, 10, 11, 20, 21 の目盛り。労働者数の増加に伴い総生産量が逓減的に増加する曲線）

- 人数をゼロから増やせば、生産量は大きく増える。
- 人数が増えるに従い、生産量は少ししか増えなくなる。
- さらに人数が増えると、生産量はほとんど増えない。
- 人数が多すぎると、生産量が減るかもしれない。

つまり、生産要素の投入を増やしていくと、追加的な生産量（これを限界生産力という）が少なくなっていくことがわかる。このことから収穫逓減の法則は、限界生産力[2]逓減の法則ともいわれる。

この法則をグラフで表したものが図表 4-4 である。横軸の労働者数は同じだが、縦軸は人数が 1 人ずつ増えたときに追加的に増加する生産量、すなわち労働の限界生産力である。

人数がゼロのときから 1 人目を投入したときの追加的に増えた生産量（限

---

[2]　経済学における限界という概念は、変数を微少量（1 単位。この例では労働者 1 人）だけ増やしたときの、（その変数に依存する）別の変数の増加分（この例では追加的に増加する生産量）もしくは増加率を表す。数学の微分と同じ概念であり、グラフ上では曲線の接線の傾きで表される。

図表 4-4　限界生産力逓減の法則

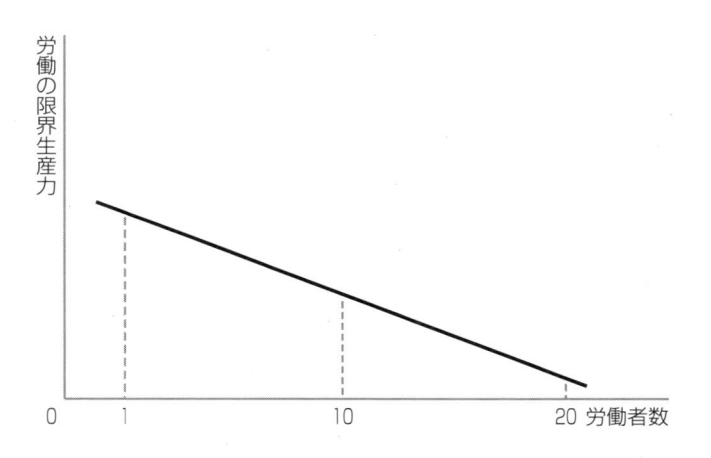

（縦軸：労働の限界生産力、横軸：労働者数　0, 1, 10, 20）

界生産力）は大きい。しかし、投入する人数が増えていくと、限界生産力は減っていくのである。労働者をグラフにある 20 人よりも増やすと、限界生産力がマイナスになることも予想される。

3　企業の最適生産量

それでは、収穫逓減の法則や限界生産力逓減の法則が仮定されるときの、利潤極大化が成り立つ最適な生産量を求めてみよう。

3.1　固定費用と可変費用

費用の種類の分類方法はいろいろあるが、通常、固定費用と可変費用に分類される。

固定費用とは、財の生産量にかかわりなく、常に一定の額がかかる費用のことであった。たとえば、店舗を借りる場合の地代や減価償却費、工場や店舗の管理費などが固定費用に含まれる。

図表 4-5　費用曲線

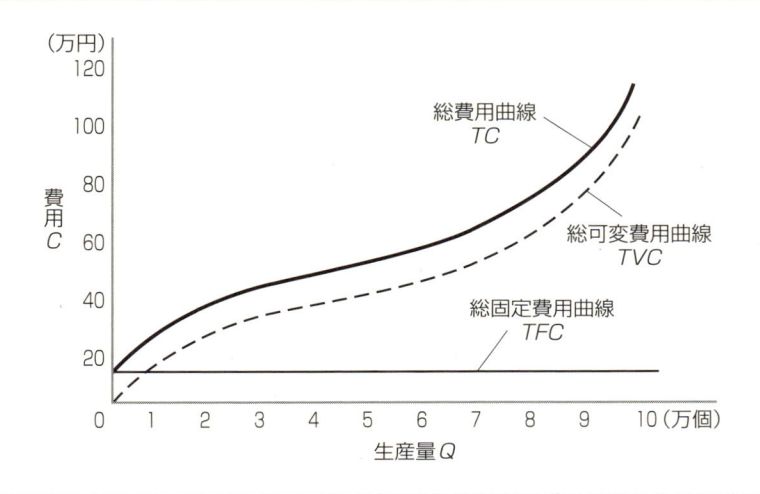

(万円縦軸、生産量 Q 横軸の費用曲線グラフ。総費用曲線 TC、総可変費用曲線 TVC、総固定費用曲線 TFC が描かれている。)

　これに対して、可変費用とは生産量の増減にともなって変化する費用であって、原材料費や賃金[3]などがあげられる。

　生産にかかわるすべての費用を総費用（TC）といい、総固定費用（TFC）と総可変費用（TVC）の合計である。この関係をグラフで表したものが図表4-5である。

　まず、総固定費用が15万円であったとき、総固定費用曲線は、縦軸切片が15の水平の直線で表される。総固定費用に総可変費用を合計したものが総費用だから、総費用曲線として表される。

　図表4-5の各コストについて、注意点を確認しておこう。まず、総固定費用は常に15の値で一定である。次に可変費用は、最初急激に増加している（曲線の傾きが大きい）が、増加額が逓減していく（曲線の傾きが小さくなる）。

---

[3]　日本の会計学では、賃金など人件費は固定費に認識される。それに対して欧米では変動費とされる。これは雇用に関する国による慣行の違いからくるようである。レイオフ（一時帰休）が簡単に実施される米国などでは、たしかに人件費は変動費であろう。

ところが、生産額が6万個に達したあたりから費用の増加額が逓増していく（再び曲線の傾きが大きくなる）。

生産を始めた当初は、人も機械も正常に稼働するまで時間がかかるが、軌道にのると効率が上がっていく。当初は費用が高くかかり、そこから逓減していくことを表す。これを費用逓減局面という。

ところが、仕事（勉強・練習）時間が長引いてくると、肉体的・精神的に疲れが出るなど能率が下がってくる。これを相対費用逓増の法則という。それが費用の逓増として表れてくるので、費用逓増局面という。

次に、限界費用について考えてみよう。図表4-5において、総費用曲線は途中までは傾きが徐々に緩やかになる（費用逓減局面）が、途中から傾きが急になっていく（費用逓増局面）という曲線で示される。

このとき、限界費用は総費用曲線の接線の勾配（角度）で表される。つまり、費用逓減局面では限界費用はだんだんと減少していくのに対して、費用逓増局面では限界費用はだんだんと増加していく。

3.2　利潤極大生産量

図表4-5に総収入曲線を加えたものが図表4-6である。価格は市場で決まっているので、総収入曲線は原点から伸びる直線となる。収入は、数量1個あたり市場価格だけ増えるので、この場合の限界収入（MR）は、市場価格である。

次に、この企業の利潤を考えてみよう。利潤は総収入から総費用を差し引いたものであるから、総収入曲線と総費用曲線の差額となるので、図表4-6では、↕で示された長さである。

利潤が極大となる生産量はどこか。グラフでは3か所に↕が示されている。そのうち真中の↕が一番長いが、それは総収入曲線と総費用曲線（の接線）が平行になるときである。

したがって、企業の利潤極大生産量とは、市場価格である限界収入 MR と限界費用 MC が、等しくなる生産量であることがわかる。あなたが社長

図表 4-6　利潤極大生産量

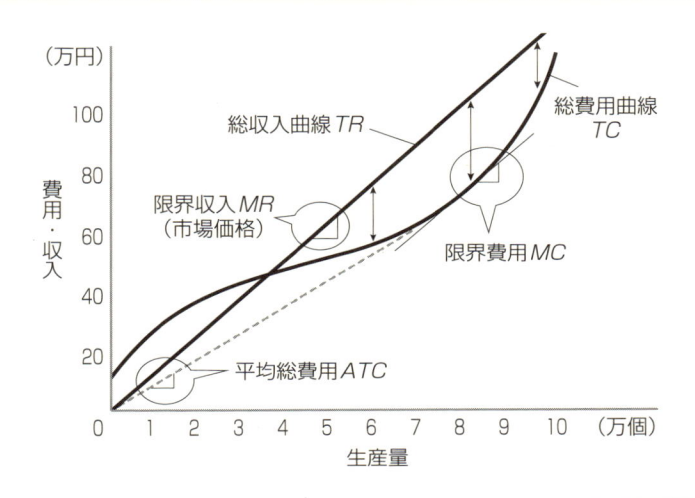

（グラフ：縦軸「費用・収入（万円）」0〜100、横軸「生産量（万個）」0〜10。総収入曲線 TR、限界収入 MR（市場価格）、総費用曲線 TC、限界費用 MC、平均総費用 ATC が描かれている。）

であるなら、市場価格を観察し、自社の生産量によって変化していく限界費用を測定して、両者が同じ値になるだけ生産すると、あなたの会社の利潤が極大となるのである。

つまり、$P(MR) = MC$ が成立する生産量を決定すれば、その生産量のもとでは利潤が極大となる。

3.3　企業の供給曲線

いよいよ結論である、各企業の供給曲線を導出しよう。横軸に生産量 Q をとり、縦軸に製品1個あたりの費用（平均総費用 ATC と限界費用 MC）と、1個あたりの限界収入 MR（市場価格）をとり、限界費用曲線 MC を追加して描いたグラフが図表 4-7 である。

限界費用曲線 MC について、詳しくみてみよう。費用逓減局面では減少していくが、費用逓増局面に入り上昇し始める。なお、グラフには、平均総費用曲線 ATC と平均可変費用曲線 AVC も描いた。限界費用曲線は、平均

図表4-7　個別企業の供給曲線

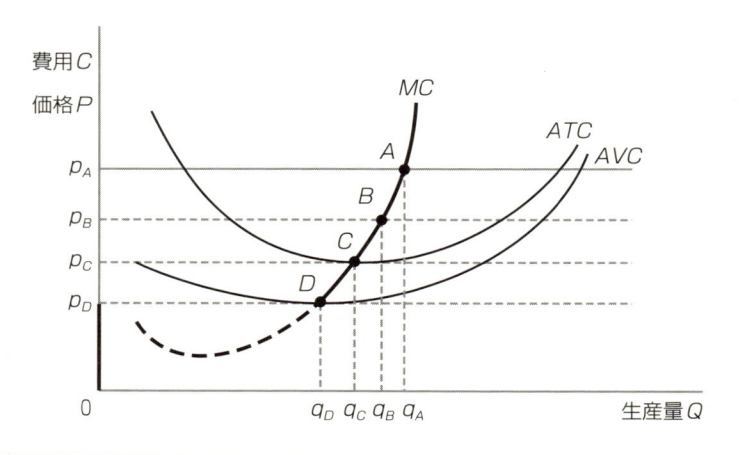

可変費用曲線 AVC の最小値[4]である点 D と、平均総費用曲線 ATC の最小値[5]である点 C を通過しながら上昇していく。

　市場価格が変化したときの利潤や生産量を確認してみよう[6]。市場価格が p_B のとき、限界費用が同じになるのは点 B である。よって、この企業の利潤が極大となる最適生産量は q_B である。

　その後、市場価格が p_A に上昇したら、どうなるだろうか。単純に考えて、

---

[4] 図表4-7において、平均可変費用 AVC は、図表4-5の可変費用曲線の任意の点と原点を結んだ直線の勾配で求められる。費用逓減局面では平均可変費用 AVC も逓減していくが、途中で最小値をつけ、費用逓増局面では逓増していく。

　平均可変費用 AVC が最小値をとるとき、その最小値と総費用曲線の接線の勾配（MC）が一致する。よって、図表4-7では、AVC 曲線の最小値と MC 曲線の縦軸の値が一致する。

[5] 図表4-6において、平均総費用 ATC は、総費用曲線 TC の任意の点と原点を結んだ直線の角度で示される。費用逓減局面では平均総費用 ATC も逓減していくが、途中で最小値をつけ、費用逓増局面では逓増していく。その境目が点線で示されている。

[6] 図表4-6と4-7の縦軸について注意しよう。両者は同じものではない。図表4-7の縦軸の値は、図表4-6では、各直線および曲線の接線の勾配として表されている。

販売価格が上昇すれば、企業の利益は増えるので、たくさん売ろうとすることになる。また、図表4-6をみると、総収入曲線の勾配が大きくなるので、最適生産量が増加することが予想される。

図表4-7で確認してみよう。市場価格がp_Aに上昇すると、限界費用が同じ値になるのは点Aであり、最適生産量はq_Aとなることがわかる。すなわち、市場価格がp_Bのときよりも、生産量を増やしたほうが、総利潤は多くなる。

次に、点Cは何を意味しているだろうか。点Cは商品1個あたりにかかる費用（平均総費用）が市場価格（商品1個あたりの収入）と同じ値になっている。すなわち、総収入と総費用が等しいため利潤はゼロであり、市場価格が点Cよりも低くなると、企業は赤字になる。したがってp_Cとは、これよりも価格が下がると赤字になるという損益分岐点価格である。

次に、点Dは市場価格が商品1個あたりにかかる可変費用（平均可変費用）と等しい。可変費用の代表は原材料費であるから、商品を1個作るときにかかる原材料費などにあたる。

市場価格がp_Dよりも低いとき、企業は（固定費用が全額回収できないうえに）原材料費さえ回収できない（作れば作るほど損が出る）状況なので、その商品の生産を停止すべきである。つまり、p_Dは操業停止点価格である。

それでは、市場価格がp_Cとp_Dの間にあるとき、企業はどのように行動すればよいだろうか。p_Cよりも低いのだから赤字であることには変わりない。しかし、価格が平均可変費用よりは上回っているから、1個の商品の原料費などは回収して、かつ利益（限界利益という）を出して固定費用の一部は回収している状態である。固定費用とは、たとえ生産がゼロであっても必要な費用であるから、この価格帯は生産をゼロにする（固定費用は全額がかかる）よりはマシな状況であるため、操業は続けることになる。したがって、点Dから右上方の限界費用曲線MCが、この商品の供給曲線となる。

そして、この商品の市場の供給曲線は、この商品を製造する各社の限界費用曲線の水平和（各企業の供給量の合計）である。

第 2 部　需要と供給

第5章
需要と需要量

　人が経済活動を行うときにシグナルとして利用する価格は、市場において需要と供給で決まる。市場のメカニズムを知る手がかりは、需要と供給にある。本章では、需要とは何かを学習することから始めよう。

1 需要と需要量

　家計や企業などの経済主体が、市場において購入しようとする欲求を需要という。よって需要とは、人々の主観的な欲望である。

　たとえば、人は生きていくためには、食べなくてはならない。食が満たされれば、次には衣と住に関連する財やサービスが必要となる。また、衣食住が満たされれば、さらに人は豊かさを求めて、衣食住以外の財やサービスを求め続ける。

　そして、価格やそれ以外の多くの要因のもと、財・サービスを人々が、購入しようと欲する数量を需要量という。

1.1 需要の法則

　ある財の価格が上昇（下落）すれば、需要量が減少（増加）することを、需要の法則という。需要は、人々のさまざまな欲求によって生じる。そのなかでも価格の変化による要因が最も大きく、人々がモノを買うときには値頃

感や割安感など価格を重視する。

たとえば、海ほたるで有名な東京湾アクアラインで、普通車の通常料金が3,000円から（2009年8月からETCを使った場合には）800円となった。すると交通量が2008年度比で1.5倍前後に増えた。

1.2 需要要因

価格以外の需要要因には、どのようなものがあるだろうか。人が財・サービスを購入する理由は、主観的なものであり、さまざまな要因がある。

趣味や嗜好　　趣味や趣向は人によって異なる。野球が好きで、グローブやバットを欲しがる人もいれば、テニスが好きでラケットを欲しがる人もいるだろう。

季節や天候　　季節や天候によって人々が欲しがるものもある。正月には正月の必需品を欲しがり、バレンタインデーにはチョコレートやプレゼントを、夏には海や山でのバーベキューやレジャーに必要なモノが需要される。これは多くの人に共通している。

収入（所得）　　景気が良く（悪く）なるなどして、人々の収入（所得）が増加（減少）すれば、需要が増える（減る）。

ライバル商品　　他の商品の存在やその価格変動なども重要である。みかんとリンゴを買えるとき、みかんへの需要はみかんの価格だけで決まるわけではない。もし、リンゴの価格が下がれば、人はリンゴを多く買い、みかんを買う量を減らす。このように、ライバルとなる他の商品[1]についても需要に影響がある。

---

1) ライバルとなる商品を、代替財という（⇒第5章4.1）。

ブーム　また、ブームが起きて、それほど売れていなかった商品が注目され、突然売れ出すこともあるだろう。

　また、広告や宣伝で商品などを広く世の中に知らしめる活動も、需要を喚起させる手段となる。

買い手の増加　たとえば人口が増えれば、買い手が増え需要は増える。人口の多い年代である、いわゆる団塊の世代やその子どもたちである団塊世代ジュニアが 40 歳前後になったとき、持ち家を購入する人が増えて不動産価格が上がるなどという例がみられた。

　一方、日本は少子高齢化が進行し、先行き国内の需要が減少することが懸念されている。

将来の期待（予想[2]）　もし、ある商品の価格が何らかの理由によって上がると予想できたなら、あなたどうするだろうか。保存が効かない生鮮食料品などでなければ、事前に買い溜めしておこうと思うだろう。

　また、来月には性能がアップしたパソコンが新発売されるという情報が流れると、現在販売されているパソコンを買い控えることになるだろう。

　このように、将来の予想は、需要に影響を与えることがわかる。

2　需要曲線

　価格と需要量の関係に注目して描かれるグラフが需要曲線である。すなわち、ある財のあらゆる価格帯での需要量を集計し、その財の価格の変動にともなう需要量の変動を曲線として示したものを需要曲線という。

---

[2]　経済学では、一般にいう予想のことを、期待と表すことが多い。

図表 5-1　需要曲線

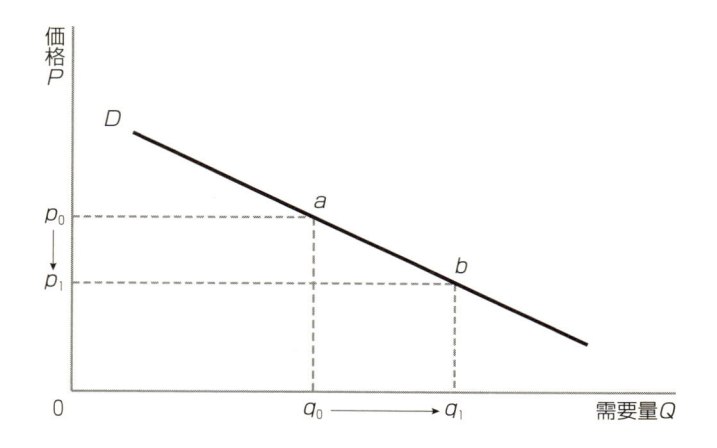

2.1　需要曲線

図表 5-1 をみてみよう。このグラフは、横軸に需要量（Q）を、縦軸に価格（P）をとり、価格の変化にともなう需要量の変化を表している。このような価格と需要量の関係を関数関係とよぶ。たとえば、価格が p_0 であるときの需要量が q_0 であるとき、価格が p_1 に下落すると需要量が増加して q_1 になる。このように、需要曲線 D は一般に右下がりとなる。

2.2　需要曲線のシフト

価格は変わらない場合でも、その他の要因で需要量が増減するときがある。たとえば、ある商品が CM で評判となり、ブームが起こったとしよう。図表 5-1 とは異なり、ここでは価格が下がっていないのに、その商品に対する人々の需要が増えている。

このことをグラフで表現したのが図表 5-2 である。需要曲線 D では、価格が p_0 のとき需要量は q_0 である。ここでブームが起こったことにより、価格が p_0 のままで需要量は q' へと増加している。このとき、需要曲線はシフ

図表 5-2　需要の増加

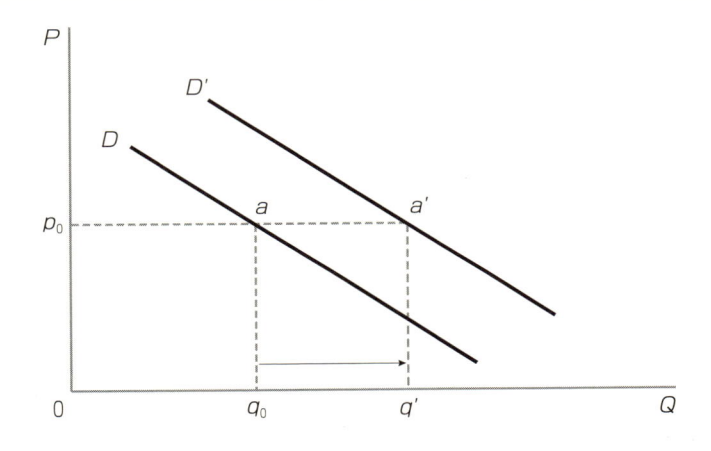

ト（平行移動）したという。

あらためて図表 5-1 と 5-2 を見比べてみよう。図表 5-1 は、価格が下がったために需要量が増えたので、同じ需要曲線の上での変化である。それに対して図表 5-2 では、価格が変わらずに需要量が増加しているので、1 つの需要曲線の上では説明できない。つまり、価格以外の要因による需要量の変化は、需要曲線のシフトとして描かれるのである。

もしあなたがスーパーの店長で、ある商品の販売個数を増やそうと、値下げ戦略をとったとしよう。値下げすれば、消費者の需要量が増えて販売個数も増加するだろう。しかし、売上高が増えるとはかぎらない。図表 5-1 のグラフをみてみよう。販売個数が増加しても値下げしているため、販売個数と価格の積である売上高[3]は増えるか減るか、一概にはいえない。

それに対してブームによってある商品の需要が増えたとする。図表 5-2 の

---

[3] 図表 5-1 における、当初の価格が p_0 のときの売上高は、長方形 $0p_0aq_0$ の面積で、値下げ後の価格が p_1 のときの売上高は長方形 $0p_1bq_1$ の面積で表される。その面積の大小は需要曲線の勾配によって異なる（⇒第 7 章 2.2）。

グラフのように、値下げをしなくても販売個数が増加するので、間違いなく売上高[4]は増加する。このように、供給者サイドにとっては、需要の増加（減少）は重大関心事なのである。

3 最適消費

さて、消費者に話を戻そう。消費者は、数多くの財・サービスのなかから自身の求めるものをどのように組み合わせて消費すれば、効用を最も大きくできるだろうか。この問いに答えたのが、パレートであった（⇒第2章4.3）。

パレートは消費者の最適な消費行動を無差別曲線と予算線という2つの分析道具を使って説明し、消費者の効用が極大化されるところで需要曲線が導き出されることを証明した。それは、とりもなおさず、需要曲線の本質を明らかにすることでもあった。

3.1 無差別曲線

無差別曲線とは、消費する財の組み合わせがもたらす同一の効用水準を表す曲線であり、消費者の合理的な経済行動を説明することができる。

図表5-3をみてみよう。A点 (x_0, y_0) と B点 (x_1, y_1) は、それぞれ X 財と Y 財という2財の消費の組み合わせを表している。A点とB点の効用の大きさが等しいとき、両者は無差別（どちらも同じで区別がつかないという意味）であるという。そして、同じように効用の大きさが等しい（つまり、無差別の）点を結んだ線が無差別曲線である。

まず、無差別曲線の形状を考えてみよう。A点では、X財をx_0だけ消費する。今、これをx_1まで増加させると効用が増加する。よって、同一の無差別曲線上にとどまるためには、Y財をy_0からy_1まで減らす必要がある。それゆえ、無差別曲線は右下がりとなる[5]。

---

[4] 図表5-2における、当初の売上高は長方形$0p_0aq_0$の面積で、ブーム発生後の売上高は長方形$0p_0bq'$の面積で表される。

図表5-3　効用の無差別曲線

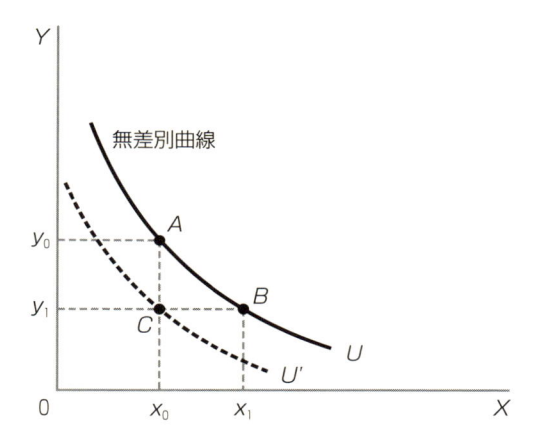

また、原点から遠い無差別曲線ほど効用は大きくなる。C点(x_0, y_1)とB点(x_1, y_1)を比較すれば、明らかに$x_0 < x_1$である。C点の2財の組み合わせよりB点の2財の組み合わせのほうが、商品量が多いことがわかる。よって、曲線U'よりUのほうが効用水準は高い。

3.2　予算制約

図表5-3から、消費者が必要とする財の消費量を増やすと、効用が大きくなることがわかった。しかし、それはどこまで可能だろうか。

人々の所得には限りがあり、より高い効用を得るために好きなだけ財の消費を増やすことは難しい。そこで、限られた所得をいかに支出したら、より効用を高めることができるかが問題となる。

---

5) XとYの2財の無差別曲線を引く場合、この2つの財は代替財であることが仮定されている。つまり、X財の消費量が増えて効用が増加しても、Y財の消費量が減ると効用が減少し、両者が相殺されて効用は等しく（無差別に）なる。これを代替性の仮定とよぶ（⇒第5章4.1）。

図表 5-4　予算線

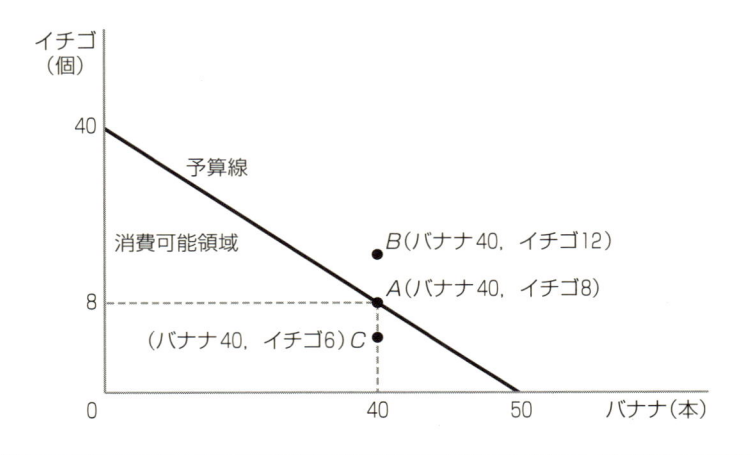

イチゴ（個）

40 ─ 予算線

消費可能領域

B（バナナ40, イチゴ12）
A（バナナ40, イチゴ8）
8
（バナナ40, イチゴ6）C

0　　　　40　50　バナナ（本）

　ここでは、限られた予算（1,000円）のなかで、果物をできるだけ多く買うことを考えてみよう。単純化のために、果物の選択肢はバナナとイチゴのみ、それぞれの価格はバナナ1本が20円、イチゴ1個が25円とする。この関係を描くと図表5-4のようになる。

　まず、極端な例をみてみよう。イチゴを買わず、1,000円すべてでバナナのみを買うとすると50本買えるが、それを示すのが横軸の切片である。逆に、バナナを買わずイチゴのみを買うとすると40個買える。それを示すのが、縦軸の切片である。

　そして、この2点を結んだ直線が予算線である。そして、予算線およびそれを一辺とする直角三角形は、予算の範囲内で消費可能な2財の組み合わせを示しているので、消費可能領域という。

　予算線を挟んで外側（右上側）は、予算オーバーになってしまうので考えない。たとえばB点はバナナ40本、イチゴ12個を示すが、金額は1,100円となり予算オーバーである。

　逆に、予算線の内側のC点は、バナナ40本、イチゴ6個を示すが、購入

図表5-5　予算線の変化

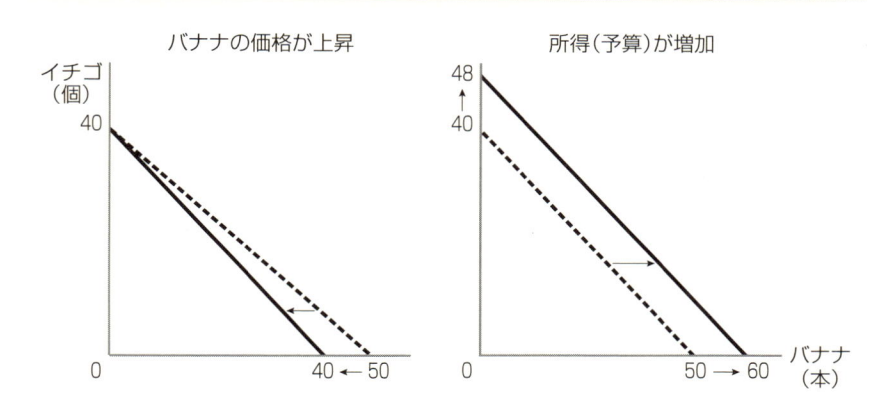

バナナの価格が上昇／所得（予算）が増加

金額は950円で、よって予算線の内側（左下）側は予算ぎりぎりまで買っていないことを示す。

　そして、予算線上にある点は、予算の全額を使う消費数量の組み合わせを示している。たとえばA点は、横軸の値が40で縦軸の値が8ならば、1,000円でバナナ40本とイチゴ8個を買ったことを示す。

価格の変化　　イチゴの価格など他の条件は変わらないこととして、バナナの価格が20円から25円に値上がりしたとしよう。

　図表5-5の左のグラフ「バナナの価格が上昇」をみてみよう。イチゴの価格は変わらないので縦軸の切片は変わらない。しかし、予算1,000円でバナナのみを買うとすると50本買えていたのが40本しか買えなくなる。よってバナナの価格がイチゴの価格に対して上昇（下落）する（これを相対価格の変化という）と、横軸の切片が左（右）に移動して予算線の傾きも急（緩やか）になる。

図表5-6　最適消費点

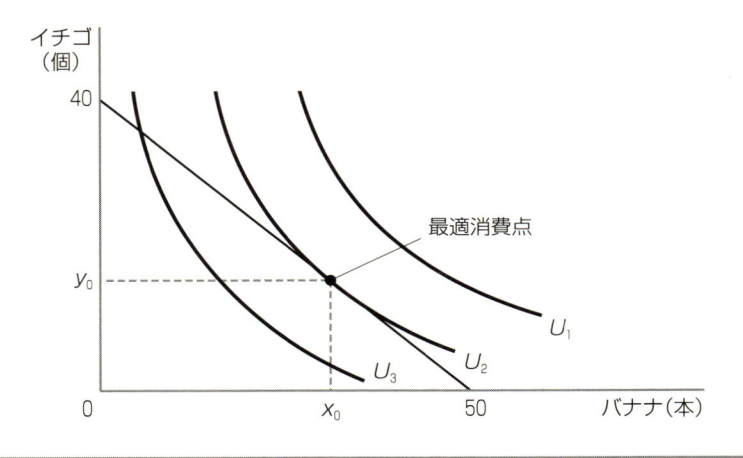

イチゴ（個）、バナナ（本）を軸とするグラフ。予算線は縦軸切片40、横軸切片50。3つの無差別曲線 U_1、U_2、U_3 が描かれており、予算線と U_2 が接する点が最適消費点（x_0, y_0）。

所得（予算）の変化　次に、景気が良くなるなどして所得が増えたため、果物を買う予算が1,000円から1,200円に増加したとしよう。予算全額で、バナナを買う場合の本数が50本から60本に、イチゴを買う場合の個数が40個から48個に増える。図表5-5の右のグラフをみると、予算線の勾配は変わらず、予算が増加（減少）すると、予算線は右方にシフトすることがわかる。

3.3　最適消費点（消費者均衡点）

　図表5-6は、予算線と無差別曲線をいっしょに描いている。限られた予算のなかで、消費者の効用を最大にする2つの財の消費数量の組み合わせを示す点を最適消費点（消費者均衡点）という。予算線に無差別曲線が接する点が、最適消費点となる。

　今、3つの無差別曲線を描いた。このなかで一番効用が高い無差別曲線は U_1 である。しかし、曲線 U_1 は、消費可能領域の外にある。つまり、予算を超過しているため、無差別曲線 U_1 は対象外となる。

図表 5-7　価格・消費曲線と需要曲線の導出

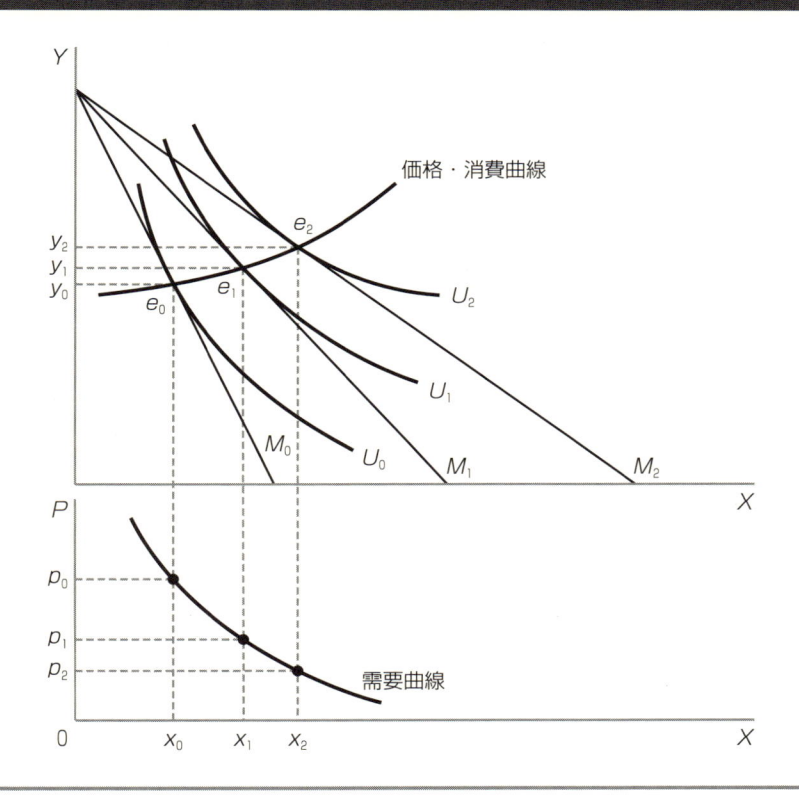

　では、U_2 と U_3 のどちらを選ぶべきか。当然、効用が高いほうであるから、原点からより遠い無差別曲線 U_2 を選ぶことになる。無差別曲線 U_2 は、無数にある無差別曲線のうち、予算線と接するものが一番右上の位置にあたる。したがって、予算線と、それに接する効用の無差別曲線の接点が最適消費点となる。

3.4　需要曲線の導出

　価格の変化と最適消費点との関係をみていこう。図表5-7のとおり、当初、

予算線 M_0、無差別曲線 U_0 で、最適消費点 e_0 で与えられていたときに、X 財の価格が p_0 であったとする。

ここで、X 財の価格が下落して p_1 となったとしよう。このとき、予算線は横軸を右に移動するので、新しい予算線は M_1 となる。すると新しい消費最適点は e_1 に移動し、最適需要量は x_1、y_1 に移動する。さらに X 財の価格が下がり p_2 となると、予算線は M_2 となり最適消費量は e_2 に移動して最適消費量は x_2、y_2 となる。

このようにして X 財の価格の下落にともなって移動していく最適消費点を結んだ曲線を価格・消費曲線という。

図表5-7の上側のグラフから、X 財の価格 p が下落（上昇）していくと、X 財の需要量が増加（減少）していくことが読み取れる。それを横軸に X 財の需要量、縦軸に X 財の価格をとったグラフにすると、図表5-7の下側に描かれた需要曲線となる。

4 代替効果と所得効果

X 財の価格が低下すると、X 財の需要量が増加することから、需要曲線は右下がりになることがわかった。これはアルフレッド・マーシャルが唱えたもので、需要の法則という。では、なぜ X 財の価格が低下すると X 財の需要量が増加するのか。その仕組みを詳しくみていこう。

4.1 代替効果

いま、桃と梨の2財があるとしよう。ここで、梨の価格は変わらないまま、桃の価格だけ低下したとすると、桃は梨に対してこれまでより割安になる（言い換えれば、梨は桃に対して割高になる）。すると、消費者は割高になった梨の購入量を減らし、割安になった桃の購入量を増加させるであろう。

このように、一方の財の価格が上昇（低下）すると、その財の需要量が減少（増加）し、他方の財の需要量が増加（減少）する場合、その2財は相互

に需要が置き換えられることから代替財とよばれる[6]。コーヒーと紅茶、バターとマーガリンなどがその典型である。

そして、このように一方の財の価格が上昇（低下）することで、他方の財の需要量が増加（減少）する効果を代替効果という。

4.2 所得効果

先ほど、桃の価格が低下すると桃の需要量が増加し、替わって梨の需要量が減少した。しかし現実には、桃の価格低下によって、桃の需要も梨の需要も増えることがある。これは、なぜだろうか。

この現象を説明するのが、所得効果である。所得が同じであっても、物価が下がれば購入できるものが増え、物価が上がれば購入できるものは減る。ここでは、桃の価格が低下したことにより、消費者の実質所得が増加し、より多くの桃を購入することができるようになっただけではなく、消費者の購買力そのものが高まったため、梨の消費量も増加したのである。これを所得効果という。

4.3 全部効果

ある財の価格が低下したときに、代替効果と所得効果を通じてその財の需要量が増加することがわかった。では、どの財においても、価格が低下すれば需要量が増加するだろうか。

代替効果と所得効果を合わせた効果を全部効果とよぶ。財の種類によって全部効果が異なるかどうかは、所得効果の働きが影響している。所得が増加したとき需要量が増加する財（正常財とか上級財とよばれる）ならば、その財の価格が下がると代替効果がプラスに、所得効果もプラスに働くので、その財の需要量は増加する。しかし、財によっては所得効果がマイナスに作用す

---

[6] 反対に、一方の財の価格が上昇（低下）することで、その財の需要量が減少（増加）すると、他方の財の需要量も減少（増加）する場合、その2財は相互に補い合って消費されることから補完財とよばれる。パンとバター、紅茶とレモンなどがその典型である。

図表 5-8　代替効果と所得効果

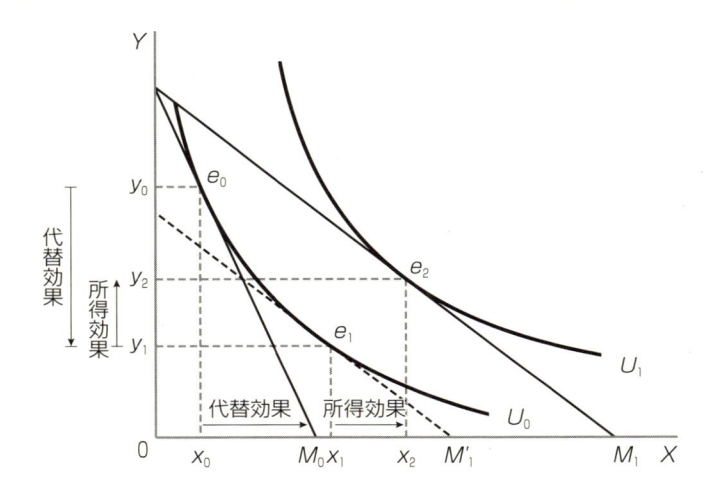

(図：縦軸 Y、横軸 X。無差別曲線 U_0, U_1、予算線 M_0, M_1、補助線 M_1'。均衡点 e_0, e_1, e_2。縦軸上に y_0, y_2, y_1、横軸上に x_0, x_1, x_2。代替効果と所得効果の範囲を矢印で表示。)

るものもある。

　図表5-8において、最初の消費者均衡点が e_0 であるとき、X 財の価格が下がるとどうなるだろうか。まず、予算線 M_0 が右にシフトして M_1 となり、新たな均衡点は e_2 となる。X 財は Y 財に対して相対的に安くなり、需要量が x_0 から x_2 まで増加する。これが全部効果である。

　このうち、代替効果の働きはどれだけだろうか。それをみるために、予算線 M_1 に平行な補助線 M_1' を書き入れてみよう。これは仮想的な予算線を意味している。

　仮想的な予算線 M_1' は、シフトした予算線 M_1 に平行で、最初の無差別曲線 U_0 に接している。ここから、仮想的な均衡点 e_1 がわかる。このとき、e_0 から e_1 までが代替効果、e_1 から e_2 までが所得効果となる。

　グラフを詳しくみてみよう。e_0 から e_1 までの変化は、X 財の価格の下落により消費者が Y 財の需要を y_0 から y_1 に減らし、それに代替して X 財の消費量を x_0 から x_1 に増加させたことによる。したがって、この効果が代替効

果である。

　一方、X財の価格が下落したことから消費者の実質所得が増加し、X財はx_1からx_2に増加し、Y財もy_1からy_2へと増加する。これが所得効果である。X財のみに注目すると、X財の価格下落は代替効果$x_0 \to x_1$、所得効果$x_1 \to x_2$、全部効果が$x_0 \to x_2$となる。

　以上のことから、ある財の価格の変化は代替効果と所得効果を通じてその財の需要量の変化に影響を及ぼすことがわかる。

第6章

供給と供給量

　ここまで市場参加者のうちの買い手についてみてきた。次に、財・サービスの提供者である企業の行動を表す供給曲線についてみていこう。ここでは、財・サービスの供給を決める要因や、生産コストを決める生産要素などを中心に学習する。

1　供給と供給要因

1.1　供　給

　消費者などの需要に応じて、生産者や資産の保有者などが自らの意思にもとづいて、販売を目的として財やサービスを市場に出すことを供給という。

　売り手の行動には、生産技術、生産にかかる費用、企業の方針や、代替財や補完財も影響を与える。売り手はさまざまな要因を考慮のうえ、販売量を決める。

　また、それらの要因のもと、売り手が販売しようとする数量のことを供給量という。

1.2　供給要因

　企業が供給量を決定するには、いろいろな要因がある。まず、財やサービスがいかに供給されるかを考えてみよう。

生産者の収入のため　スミスが、『国富論』のなかでパン屋や酒屋は慈善のために生産しているのではないと書いたとおり、生産者は収入を得るために供給を行っている。もし、自分が取り扱う商品などが売れなかったら、生活にかかわってくる。いわゆるメシが食えなくなるのである。

　よって、人は自分の取り扱う商品などが売れるように、さまざまな工夫を行うようになるだろう。スミスが指摘したように、他人の利益ではなく、自己の利益のために生産し工夫するのである。

需要が供給を生む　生産者が、自分の生活のために生産したとしても、他人が求めなければ、市場に供給しても買ってもらえない。人が求めるからこそ供給が生まれるのである。たとえ多く供給しても、人々に需要される量までしか売れない[1]。

　すなわち、必要が発明を生むのと同じく、需要が供給を生むのである。

　かつて高度経済成長期に、駅前に商店街ができた。電車で通勤する人たちが、帰宅する途中で買い物をすると便利だからだった。その後、郊外では幹線道路脇に巨大なショッピングモールが作られるようになり、駅前商店街が寂れてしまった。

　大規模店舗のほうが安い価格で商品を提供することができる。そこにモータリゼーションが起こり、消費者がマイカーをもつようになると、休日に車で買い出しに行き大量に買うほうが、家計は全体としての支出を小さくできるようになった。

　しかし、都心部やその近郊では、駐車場代などマイカーをもつ費用が高いことや、交通渋滞という別の費用がかかることから、駅前商店街と郊外ショッピングセンターが両立しているケースもみられる。時代や地域の状況によって需要が変化し、それに応じて供給も変化する。

---

1) たとえば広告宣伝を行い、人に欲しいと求められるようにする（需要を高める）方法を研究する学問が、経営学やマーケティングである。

技術革新（イノベーション）　2000年のテレビドラマにあって1990年のドラマにないものに、パソコンと携帯電話があげられる。実は1990年にはコンピュータや自動車電話は存在したのだが、価格が高かったため、気軽に個人が買えるものではなかった。

その後、科学技術が進歩して大量生産することができるようになってくる。すると、費用が削減され、ますます生産量が増加していく。これが供給を増やす。

供給が需要を生む　エネルギーが石炭から石油に変わっていくなかで、日本の炭鉱が次々と廃坑になった。すると、それまで炭鉱で働いていた人がその土地を去り、その労働者たちを目当てに商売していた商店街をはじめ、町自体が衰退し始めた。

そこで、福島県いわき市にあった炭鉱会社が、巨大な温泉のテーマパークを建設し、東京駅などからバスを出して宿泊者を無料で送迎し、成功をおさめた。それまで宿泊施設がなかった山のなかでも、新しいテーマパークと宿泊施設が、新しい需要を生み出したのである。

技術革新によりパソコンや携帯電話などまったく新しい製品が開発されるケースも、供給が需要を生む例の1つである。

天候要因　埼玉県深谷市は、ブロッコリーの産地である。ブロッコリーの出荷価格は安定しない。また、深谷市にはスマホの電子部品を生産している会社がある。ブロッコリーに対して電子部品の出荷価格は安定している。その理由は何か。

ブロッコリーなど農産物（一次産品）の産出量は、天候に左右されるためである。とくに地球温暖化のためか、最近の天候は異常気象の発生など不安定である。深谷市は暑さで有名な熊谷市のさらに川上の盆地に位置するため、暑いときはさらに暑く、寒いときはさらに寒くなる。あるときは豊作だったブロッコリーが数か月後には不作になるのである。そのため、農産物の供給

は常に不安定である。

　ブロッコリーやスマホの需要が、数週間で変わるとは考えられない。価格が短期間に変動する原因は、需要サイドには考えられない。しかし、需要が安定していても、供給が不安定になると、価格は変動することになる。

　それに対して工業品は天候に左右されない。よって工業品の供給曲線は安定しているため、価格も安定しているのである。同じ野菜でも、天然の野菜と冷凍食品化され工業品となった野菜では、価格の安定さが違う。

要素費用　　生産をするためには、さまざまなものが必要である。原材料や元手となるお金（資本）、働く人々などである。経済学においては、生産を支える要因を生産要素といい、土地・労働・資本があげられる。

　また、生産要素の価格を要素費用という。土地を借りる費用である地代、人を雇う費用である賃金、そして元手となる資本をファイナンスする費用である利子があげられる。各生産要素が市場を形成して、生産要素の価格、企業にとっての費用が決定される。人々の給料である賃金を決定する労働市場や、資金調達の費用を決める金融市場がそれにあたる。

　たとえば、景気が良くなって企業が増産計画を立てたとしよう。しかし、金融市場での金利が高ければ、より大きな費用がかかるため、企業は増産をためらうかもしれない。

　また、景気が悪く、企業が雇用を増やそうとしないと、労働市場では買い手市場となり、大学生の就職活動が難しくなってしまう。

　このように、各市場はお互いに影響しあっている。よって、各生産要素市場の動きが、供給に影響を与えているのである。そのようななかで、人々が一番幸せになる（最大多数の最大幸福）よう、各市場がどのように影響をしあっているのかを分析し、よりよくする方法を研究するのも、経済学の使命の1つである（⇒序章2.5）。

2 供給量

供給量はさまざまな要因によって決定される。ここで、それらの要因を価格による供給量の変化とそれ以外の要因によるものに分けて考えてみよう。

2.1 価格と供給量

生産者は、収入から費用を差し引いた利潤を増加させるよう行動する。もし、価格が下落していったら、費用を削減できないかぎり、企業の利潤は減少していく。よって、生産量は減少することになる。たとえば、ある製品の利潤が減ってきたので生産量を減らし、他の製品を増産しようとするかもしれない。

さらに価格が下落していくと、どうなるだろうか。

前提として、同じ製品であっても、1個あたりの費用は生産する各社によって異なることとしよう。今、ある製品を製造している会社がA社、B社、C社の3社あり、製品1個あたりの費用の額の大小が、A社＜B社＜C社であったとする。

この製品の価格が十分に高かったら、3社とも利潤となる。そこから価格が徐々に下落していったら、3社とも利潤が減少していくことも同じである。

しかし、順番としてC社が一番早く製造原価割れ[2]を起こし、赤字に陥るであろう。すると、C社はその製品の製造から撤退する。よって、その財の生産量は減少するだろう。次にB社が製造原価割れを起こし、その製品の製造から撤退し、生産量はさらに減少するだろう。

逆に、価格が上昇すると、現在生産している会社が、他の製品を減産してでも、この製品を増産しようとするだろう。また、他社や他の業界から新規参入してくる会社が出てくるかもしれない。こうして、供給量が増加していくだろう。

---

[2] 製品を製造する費用よりも価格が低くなってしまうこと。

図表 6-1　供給曲線

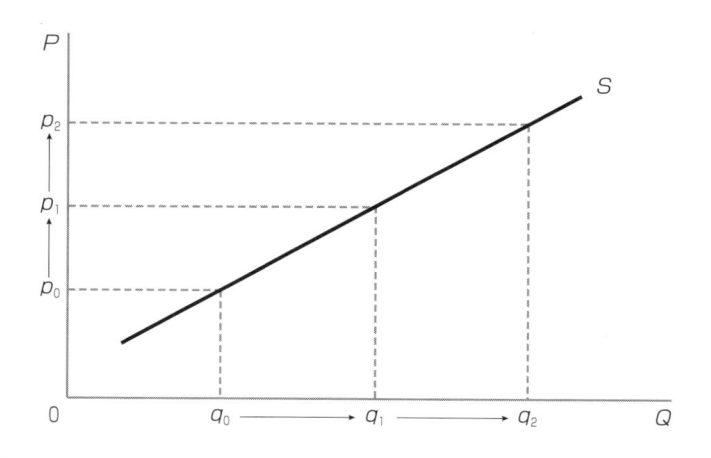

2.2　供給曲線

以上のような財・サービスの価格と供給量の関係を描いたものが供給曲線 S である（図表6-1）。すなわち、ある財のあらゆる価格帯での供給量を集計し、その財の価格の変動にともなう供給量の変動を曲線として示したものを供給曲線という。

たとえば、ソフトクリーム業界を考えてみよう。話を単純化するために、A 社、B 社、C 社の 3 社のみ存在し、それぞれが 1 日に 100 個生産する能力がある機械をもっていたとする。ただし、機械の性能が違い、ソフトクリーム 1 個を作る費用が、A 社は 50 円、B 社は 70 円、C 社は 100 円だったとしよう。

もし、ソフトクリーム市場における価格（世間一般のソフトクリームの価格）が 60 円（p_0）だったとしよう。すると、A 社のみが黒字となるので、B 社と C 社は生産しないため、ソフトクリーム業界全体の供給量は 100 個（q_0）となる。

図表 6-2　供給曲線のシフト

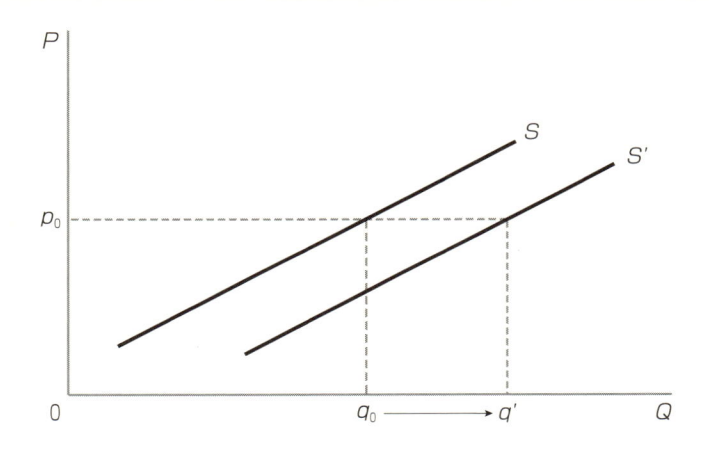

もし、市場での価格が 80 円（p_1）になったらどうなるだろうか。価格が 80 円ならば B 社にとっても黒字となるので、ソフトクリーム市場に参入してくるとすると、ソフトクリーム業界全体の供給量は 200 個（q_1）となる。さらに価格が 120 円（p_2）になれば、C 社も参入してきて、供給量は 300 個（q_2）になる。

よって、一般には図表 6-1 のように、売り手は市場価格が上昇すると供給量を増やそうとする。よって、価格と供給量の関係を描いた供給曲線 S は、右上がりとなる。

2.3　供給曲線のシフト

図表 6-1 と 6-2 を見比べてみよう。図表 6-1 は、価格が上がったため供給量が増えたので、同じ供給曲線上の変化である。それに対して図表 6-2 では、価格が変わらないまま供給が増加している。このとき、供給曲線は平行移動（シフト）したという。これは、価格以外の要因が変化したことにより、価格と供給量の関係（関数関係）そのものが変化したことを意味している。

先ほどのソフトクリーム業界を例にみてみよう。A社は、ソフトクリーム1個を作る費用が50円で、1日に100個を作ることができる工場を保有していた。ところが技術革新が起こり、同じ1個50円の費用で、1日に150個を作れるようになったとしよう。

　今、市場でのソフトクリームの価格が90円（p_0）であったとすると、それまではA社が100個とB社が100個で、業界としては200個（q_0）の供給量があったが、技術革新でA社は150個を生産できるので、業界全体での供給量は250個（q'）になる。このとき、価格はp_0に限らず、すべての価格帯において供給が増えることになる。

第7章

弾力性

　需要曲線と供給曲線を使って経済をみるときに、価格弾力性による分析が、非常に役に立つ。内閣府が毎年発行し、日本の経済を分析し紹介する『経済財政白書』をみても、弾力性を用いた分析が数多く掲載されている。

　あなたが社長や店長であったら、弾力性は貴重な経営情報となるだろう。本章では、需要と供給の価格弾力性について学ぶ。

1　供給の価格弾力性

　財の価格が1単位だけ変化するとき、供給量がどれだけ変化するかを示す度合いのことを、供給の価格弾力性という。供給曲線を使って考えていこう。すでに学んだように、供給曲線は、縦軸にとった価格がどれだけ上がる（下がる）と、横軸の供給量がどれだけ増える（減る）かを示している。

1.1　価格弾力性

　再びソフトクリームの数値例でみてみよう。

　ソフトクリームの価格が50円（p_0）だったときは、A社のみが供給するため供給量は100個（q_0）であった。次に、市場での価格が70円（p_1）になるとB社が参入してくるため、供給量は200個（q_1）となった。

　すなわち、ソフトクリームの価格が50円から70円へと、20円上昇する

図表7-1 供給の価格弾力性

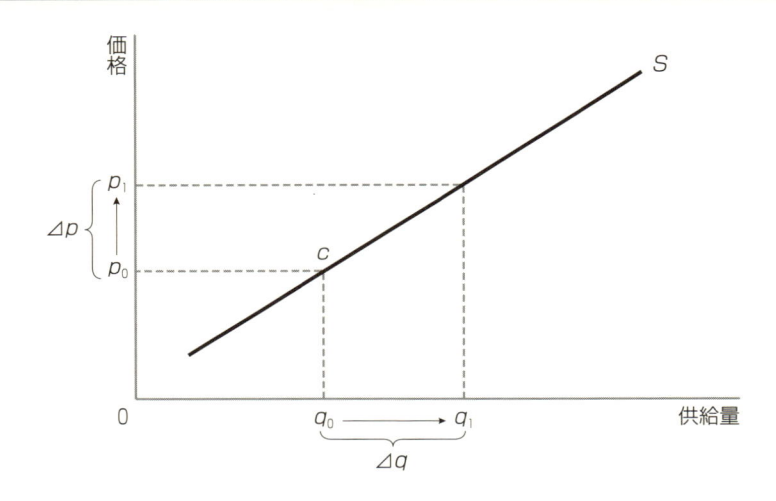

と、供給量は100個から200個へと、100個増えた。

図表7-1の縦軸の価格をみてみよう。ここに Δp という記号がある。Δ とはギリシャ文字でデルタと読み、変化分を表す。ここでは、Δp は価格の上昇分である20円である。20円価格が上昇したら、どれだけ供給量が増えたかを示すのが Δq である。価格が20円上がったことによって供給量が100個から200個へと100個増加したのであった。よって、図表7-1の横軸の Δq の値は100個である。

次に、増加分の割合をみてみよう。価格は50円から70円へと20円上昇したので、増加の割合は約0.4（＝20円÷50円）である。その結果、供給量は100個から200個へと100個増えたので、増加の割合は1.0（＝100個÷100個）となる。すなわち、価格の増加割合よりも供給量の増加割合のほうが大きい。このとき1を0.4で割ると、2.5（≒1÷0.4）となる。この値を、供給の価格弾力性という。

つまり、供給の価格弾力性とは、価格が1％変化したときに、供給量が

何％変化するかを表した数値である。一般に弾力性は、ギリシャ文字の η（イータ）で表される。供給は S で表すので、供給の価格弾力性は η_S で表され、

$$\eta_S = \frac{\frac{\Delta q}{q_0}}{\frac{\Delta p}{p_0}} = \frac{\text{供給量の変化率}}{\text{価格の変化率}}$$

となる。なお、p_0 とは当初の価格で p_1 は変化後の価格、Δp は価格の変化額であり、q_0 とは当初の供給量で q_1 は変化後の供給量、Δq は供給量の変化量を示す。

ここでの数値例を代入すると、

$$\eta_S = \frac{\frac{\Delta q(=100)}{q_0(=100)}}{\frac{\Delta p(=20)}{p_0(=50)}} = \frac{1}{0.4} = 2.5$$

となる。図表7-1では、$\Delta p = p_1 - p_0$、$\Delta q = q_1 - q_0$ である。

さて、この供給の価格弾力性は、私たちの生活とどんな関係があるのだろうか。

1.2 財と弾力性

供給の価格弾力性は、財によって異なる。まず、価格弾力性は1を基準にして、1より大きい財を弾力的、1より小さい財を非弾力的という。一般的に、工業品は弾力性が大きく、農産物は弾力性が小さくなる。

もし、市場でつけている価格が上昇したらどうなるだろうか。1個あたりの費用が変わらなければ、価格の上昇は利益の増加につながる。保存が効く工業品ならば、在庫により対応することもできるだろうし、残業時間を増やして増産することもできるだろう。よって、価格が上昇すると、それに対応して生産量を増加させることが可能である。

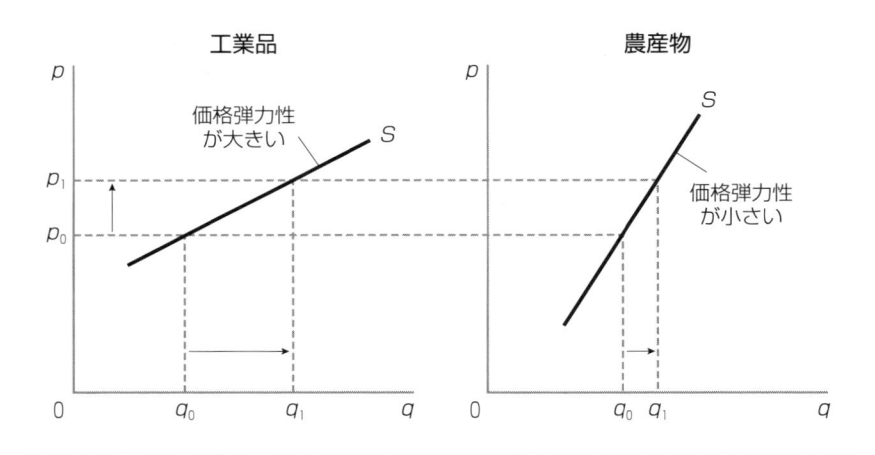

図表 7-2　工業品と農産物の価格弾力性

工業品：価格弾力性が大きい。p_0 から p_1 への価格上昇に対し、q_0 から q_1 への大きな供給量の増加。

農産物：価格弾力性が小さい。p_0 から p_1 への価格上昇に対し、q_0 から q_1 への小さな供給量の増加。

　一方、農産物は、あらかじめ作付面積が決まっており、生育中にそれを増やすことはできない。また、畑に種を蒔いて、農産物を収穫するまで、作物が成長するにはそれなりの期間がかかる。

　したがって、市場での価格が上昇したからといって、簡単には供給量を増やすことはできない。また逆に、価格が下がったからといって供給量を減らすこともできない。これを供給の価格弾力性が小さいという。価格の変化率に対して、供給量の変化率が小さいからである。

　よって、一般に、工業品と農産物を比較すると、工業品のほうが供給の価格弾力性が大きく、農産物のほうが小さい。これをグラフに表したのが図表7-2である。

　一般に、弾力性は時間の長さと関係がある。上の例でもみたとおり、供給量の増加には時間がかかる。そのため、短期では価格の変化に対して供給を変化させるのは難しいが、時間に余裕があれば増産も減産も行うことができる。

　たとえ農産物であっても、長期ならば対応することができる。たとえば、

今年、価格が上がれば、農家は来年の作付面積を増やして増産するだろう。このように、短期よりは長期のほうが供給の弾力性は大きくなる。

1.3 弾力性ゼロ

供給の価格弾力性がゼロの財もある。弾力性がゼロの場合、供給量が一定のもとで価格のみが変化するため、グラフでは垂直な直線となる。

たとえば、雪舟やピカソなど著名な画家の作品は、新たに制作することができないため、価格が上昇しても供給を増やすことが難しい。よって、供給の価格弾力性はゼロに近くなる。また、土地も供給が限られるため、短期的には弾力性がきわめて小さいといえる。

また、農産物のなかでも、コメや冷凍野菜などは、在庫によって供給を調整することができるが、生鮮食料品の価格弾力性はゼロに近くなる。

2 需要の価格弾力性

映画館やテーマパークでは、学生向けの学割料金やシニア世代割引がある。これは学生やシニア世代に安い値段で映画などを楽しんでもらうという意義がある。しかし、映画館やテーマパークの社長が慈善事業で学割などを行っているはずがない。学割などは映画館やテーマパークの売上高に貢献しているのである。

そこには、どのような仕組みがあるのだろうか。それを解くのが、需要の価格弾力性である。

2.1 トレードオフの関係

社会では、相手の立場になって検証することが物事の解明のポイントとなることが多い。需要の主役は消費者だが、相手方の企業の立場になって観察してみることも重要である。

今、あなたはテーマパークの社長であり、売上高を増やしたいと考えてい

る。売上高は、チケット代と入場者数の積で表されるから、チケット代を値上げしてはどうだろうか。

それは疑問である。需要の法則に従えば、チケット代の値上げによって入場者数の減少が予測されるからだ。

これを式で表すと、

　　　売上高　＝　チケット代↑　×　入場者数↓

となる。つまり、チケット代が上がると、入場者が減少する。このように、どちらかの数値が上がると、他の数値が下がることを、トレードオフの関係にあるという。

もし、チケット代を10％値上げしたときに入場者数が10％減少したら、売上高の増減はゼロになる。しかし、10％の値上げに対して、もし入場者数の減少が5％に留まるならば、売上高は増加するだろう。反対に、10％の値上げに対して入場者数の減少が20％になるならば、売上高は減少してしまう。

10％の値上げに対して、入場者数の減少を5％に留めるためには、さまざまな条件が必要だろう。あなたのテーマパークには、お客を引きつける魅力があるだろうか。もし、チケットの値上げの悪影響を退けるだけの魅力があるなら、お客は値上げしても来園してくれるだろう。

また、あなたのテーマパークにライバルがいる場合、値上げによって顧客がライバルに流れてしまうだろう。また、ライバルはテーマパークにかぎらない。映画館や劇場、ショッピングセンターなどもライバルになりうる。

実際に、値上げの失敗例もある。ある外食チェーンでは、低価格で人気のあった野菜カレーをメニューから外した。そしてバージョンアップと称して、ビーフカレーの新メニューを提供し始めた。バージョンアップしたのだから、元のカレーよりも価格は高く設定したが、それは事実上の値上げである。

結果はどうなったか。安いカレーを目当てにしていた来店客数が減り、売上高が減少してしまった。外食チェーン店のライバルは、街のどこにでもあ

るため、顧客がライバル店に流れてしまったのである。あわてて「多くのリクエストにお応えして、オリジナル・カレー復活！」と、元の安いカレーに戻したのだった。

2.2 需要予測

　値上げしたほうが、売上高が増えるのか。それとも値下げしたほうが、売上高は増えるのか。あなたが社長なら、会社の経営で最も重要な事項が需要の予測である。

　価格を上げたら（下げたら）売上高が増加するのか減少するのか。『経済財政白書』などで政府などが統計を出してくれるものもあるが、実際にやってみないとわからないことが多い。

　それでは、簡単な数値例で考えてみよう。あなたが社長をしているテーマパークの当初の価格（入園料）が 5,000 円だったときに、1 日の需要量（入園者数）が 25,000 人であったとしよう。

　実際に入場料を 1,000 円高くし価格を 6,000 円に値上げしてみたら、入場者が 3,000 人減少して 22,000 人となったとすると、この値上げによって売上高は増えるだろうか、減るだろうか。

　　　当初の売上高　　　5,000 円 × 25,000 人 = 1 億 2,500 万円
　　　値上げ後の売上高　6,000 円 × 22,000 人 = 1 億 3,200 万円

よって、値上げすると売上高が増加することがわかる。値上げによって、売上高が増加するのか減少するのかは、価格の上昇率に対して、入園者の減少率の割合がどれほどかでわかる。

　　　価格の上昇率　　0.2　（= 1,000 円 ÷ 5,000 円）
　　　入園者の減少率　0.12　（= 3,000 人 ÷ 25,000 人）

よって、価格が 20% 上昇したことが原因で、結果として入園者数が 12% 減少した。これを比率で表すと 0.6（= 0.12 ÷ 0.2）となる。

この数値を、需要の価格弾力性という。価格を1単位上げる（下げる）と、結果として需要量がどれだけ減少（増加）するかの割合を示す。需要は D で表すので、需要の価格弾力性は η_D である。この表示法は、供給の価格弾力性と同じ考え方である。

この数値例でいうと、価格を1％上昇させても、入場者数は0.6％しか減少しないので、売上高が増加することを示している。逆に、需要の価格弾力性が1より大きい場合、価格を値上げすると、売上高が減少することがわかる。

なお、価格の上昇は需要量の減少となるトレードオフの関係になるため、弾力性の値は、プラス・マイナスを考えず絶対値で表すことが、マーシャル以来の慣習となっている。

よって、

$$需要の価格弾力性\ \eta_D = \frac{\frac{\Delta q}{q_0}}{\frac{\Delta p}{p_0}} = \frac{需要量の変化率}{価格の変化率}$$

$$= \frac{\frac{3{,}000}{25{,}000}}{\frac{1{,}000}{5{,}000}} = \frac{0.12}{0.2} = 0.6$$

となる。ここで p_0 とは当初の価格で p_1 は変化後の価格、Δp とは価格の変化額であり、q_0 とは当初の需要量で q_1 は変化後の需要量、Δq とは需要量の変化量を示す。これをグラフに表すと、図表7-3となる。

弾力性の値が1より大きいか小さいかが重要である。それぞれに分けて、まとめてみる。

● $\eta_D = 1$

価格の変化率と需要量の変化率が同じ場合で、弾力性＝1といわれる。理論上、値上げしても値下げしても売上高は変化しない。

図表7-3 需要の価格弾力性

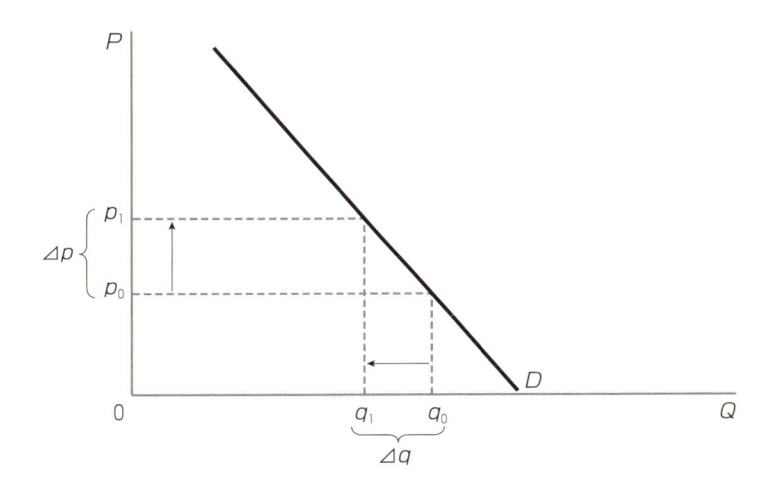

● $\eta_D > 1$

弾力性の値が1よりも大きいケースであり、需要量は価格に対して弾力的であるといわれる。すなわち、価格の変化率よりも需要量の変化率が大きい場合で、値下げ（値上げ）すれば売上高は増加（減少）することになる。

たとえば、先に紹介した、カレーを事実上値上げした例がそれである。一般に、ライバルが多いと、少し価格を上げると顧客がライバルの店や商品に流れてしまう。

● $\eta_D < 1$

弾力性の値が1よりも小さいケースであり、需要量は価格に対して非弾力的であるといわれる。すなわち、価格の変化率よりも需要量の変化率が小さい場合で、値上げしても売上高への影響は小さい。

代替財がないと、需要の価格弾力性は小さい。例としてあげられる

のは、ガソリンである。ガソリン車はガソリンの価格が上がったからといって、ほかに選択肢がないので、ガソリンを使わざるをえないのである。

以上の3つが通常のケースである。それに対して次の2つのケースは例外としてあげられる。

- $\eta = \infty$

    このとき、需要の価格弾力性は無限大となり、完全弾力的とよばれる。価格がわずかに上昇しても、逆に価格がわずかに下落しても、需要量が限りなく増加することになる。この場合の需要曲線は横軸に平行となる。

- $\eta = 0$

    このとき、需要の価格弾力性は完全非弾力的とよばれる。価格が変化しても需要量がまったく変化しないので需要曲線は垂直で描かれる。

2.3 学割と弾力性

それでは、映画の学割料金やシニア世代割引について、考えてみよう。

学生やシニア世代に比べて仕事に時間が拘束される現役の社会人は、お金ももっている。自分がみたい映画は定価であってもみるし、逆に興味がない映画は、たとえ割引料金であってもみない。すなわち、現役社会人の需要の価格弾力性が低く非弾力的であり、価格が多少高かろうとみたい映画はみるし、みたくない映画はみないのだ。

すなわち、現役社会人の映画に対する需要の弾力性は非弾力的であり、η_Dは1よりも低いのである。

現役の社会人と比べると、時間がある学生やシニア世代は、割引料金に敏感である。映画の日になると、事前にスケジュール調整して映画館へ行く。

もし、みたい映画でなくても、ためしにみてみようとすることも多い。逆に料金が高ければ、代替財となる他のエンターテイメントに流れてしまう。需要の価格弾力性が高く、正規料金と比較して割引料金を提示することで、割引がより魅力的にみえるのである。

したがって、学生やシニア世代の映画に対する需要の弾力性は弾力的であり、η_D は 1 よりも大きいのである。

このように、人によって需要の価格弾力性は違う。企業は綿密に市場調査をして価格政策を決める。顧客層の需要の価格弾力性を考えて、価格を決めているのである。顧客によって売り方を変えて売上高の増加を図る工夫をするマーケティング[1] では、価格政策は主要な戦略の 1 つである。

3 所得弾力性

一般に、人々の所得が増加すると需要量が増える。あなたも、給料が増加したら、貯蓄も増やすだろうが消費も増やすだろう。よって、所得の変化を原因として、結果として需要量も変化するので、需要の所得弾力性という概念も存在する。

3.1 需要の所得弾力性

個人とその所得だけではない。日本に住む人々の所得（国民所得）が増加すると、食べ物や衣料品などへの需要量も増えるはずである。

一般に、所得（GDP）の 1％ 上昇に対して、食品や住宅関連の出費は 1％ 未満の、被服・履物は 1％ 超の増加となるといわれる。つまり、食品や住宅関連は非弾力的であり、被服・履物は弾力的である。これは、所得が増えても食事の量はそれほど増えないため、余剰分が被服などの購入に向けられ

---

[1] マーケティングとは、企業や非営利組織が行うあらゆる活動のうち、「顧客が真に求める商品やサービスを作り、その情報を届け、顧客がその商品を効果的に得られるようにする活動」のすべてを表す概念をいう。

るためと考えられる。反対に、所得が減っても食べる量を減らすことは難しいため、被服などが節約の対象となりやすい。

需要の所得弾力性を式で表すと、次のようになる。

$$\eta = \frac{\frac{\Delta q}{q_0}}{\frac{\Delta y}{y_0}} = \frac{需要量の変化率}{所得の変化率}$$

なお、y は消費者の所得水準であり、y_0 は当初の所得水準を、Δy は所得水準の変化額を、q_0 は当初の需要量を、Δq は需要量の変化額を表す。

3.2 所得効果

ところで、財やサービスの価格が下がると、どうなるだろうか。予算があらかじめ決まっている消費者にとっては、価格が下がれば多く買えることになる。経済学では、価格が下落したことによって、実質的に所得が増加したことと同じ効果があると考える。

したがって、財・サービスの価格の変動が、消費者の実質的な所得を通じて消費量に与える効果を、所得効果という。財の価格が下がった場合には、消費者の実質的な所得が増えるため、他の条件が一定であるならば、全体としてその財の需要量が増加する。その増加の割合が、需要の所得弾力性である。

4 さまざまな弾力性

弾力性は、実社会や会社経営で非常に重要なものである。2つのものが互いに影響しあうかぎり、弾力性を考え、その数値を求めることができる。さらに、弾力性は将来を測るモノサシとしても用いられる。

4.1 気温によるアイスクリームの弾力性

アイスクリームの売れ行き（需要量）は、気温と強い関係がある。22℃を超えるとアイスクリームは売れ出し、25℃で売上は最大になる。しかし、さらに気温が上がっていくと減り始め、30℃を超えると売れなくなる。アイスクリームへの需要が、代替財であるかき氷やシャーベットにとって替わられるからである。

そのため、アイスクリーム製造業者は、かき氷やシャーベットも製造することが多い。これによって、ある年の夏が猛暑であっても冷夏であっても、どちらかが売れることになる。売上高が変動することに保険を掛けるのである。

4.2 需要の株価弾力性

株価が上がると、消費が増える。これは、株をもっている人たちが、株価が上昇したことにより、儲かったお金で消費を増やすためである。これを株の資産効果という。

アベノミクスは3本の矢によって、日本の景気を良くしようと狙っている。第1の矢は金融緩和である。世の中のお金の量（マネーストック）を増加させることによって、株価を上昇させ、資産効果による消費を増やすことで、景気を良くすることを狙っているのである。

4.3 日本製品の輸出力

日本の輸出製品は、技術集約的な高付加価値品（ハイテク製品）である。また、故障も少ないという定評がある。よって、外国にも「多少、価格が高くても日本製品が欲しい」という人が多い。

つまり、外国人の必需品になっていると考えられる。したがって、為替変動などにより、外国における日本製品の現地通貨建て価格が上昇しても、やはり需要が減少しにくい。すなわち、日本製品への需要の価格弾力性が低いことになる。

一方で、貿易相手国の経済が成長すると、日本製品に対する需要が増加する。つまり、需要の所得弾力性が高い。これが、日本の製品の輸出力となっている。

5 長期の弾力性

弾力性は、短期的には変化しにくいが、長期的には変化する。1970年代の石油ショック時、ガソリンの短期の需要の価格弾力性は0.2で、長期の需要の価格弾力性は0.7であった。

短期的にはガソリンは非弾力的となる。しかし、長期的には人々は代替手段をみつける。ガソリンの価格が上がり続けると、マイカーに代わる代替交通手段（バス、電車）を選択する。社会的にも公共交通機関の整備を進める（モバイル・シフト）。

また、車はガソリンでしか動かないが、ガソリンや軽油以外で動くモノもある。代替できるものは天然ガスなどを使う。また、ハイブリッドカーや電気自動車の開発も進む。それが原油への需要を減らし、原油価格を押し下げる効果になる。

短期的には調整できなくとも、時間をかけて代替策を考え出し、その結果、長期の弾力性は高くなるのである。

第8章

市場均衡

市場では、消費者と生産者（企業）が出会い、価格をシグナルとして財・サービスの取引量が決定される。本章では、市場において、価格がどのような過程を通して決定されるのかを学ぼう。

市場での価格形成のキーワードには、均衡価格、均衡取引量、均衡点、超過需要、超過供給、価格調整、数量調整などがある。これらのキーワードが表す市場の状況を理解することが、ミクロ経済学の要となる。

1　市場均衡

需要曲線と供給曲線を、1つのグラフにしてみよう。横軸に需要量および供給量を、縦軸に価格をとったグラフにおいて、一般的には需要曲線 D は右下がりとなり、供給曲線 S は右上がりになる。この2つのグラフを重ねたものが、図表8-1である。

需要曲線 D と供給曲線 S の交点 e（均衡点）で価格が決まる状態を市場均衡とよぶ。このとき需要量と供給量は一致し、一義的に価格が決定される。このときの価格 p^* を均衡価格（または市場価格）、取引量（数量）q^* を均衡取引量とよぶ。

図表 8-1　市場での均衡

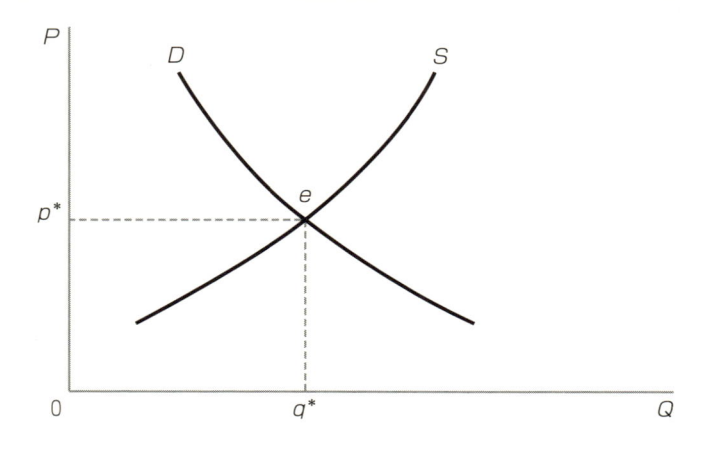

（図：縦軸 P、横軸 Q。需要曲線 D と供給曲線 S が交点 e で交わり、均衡価格 p^*、均衡数量 q^* を示す。）

2　価格調整

　需要曲線 D と供給曲線 S の交点 e で価格は決まる。しかし現実には、この均衡価格よりも高い価格が設定されたり、低い価格が設定されたりすることがある。そのとき、市場ではどのようなメカニズムが働くであろうか。

2.1　超過需要

　芸術品や骨董品のオークション（競売）を思い浮かべてみよう。まず、低い価格が提示され、その価格で買ってもよいという買い手が複数いた場合、ある買い手Aが提示された価格よりも高い価格を宣言する。すると、もっと高くても買いたいと思う買い手Bが、Aの提示した価格よりも高い価格を提示する。このように、価格がどんどん上昇していき、買い手の数が少なくなっていって、買い手が1人になったときに、その価格で落札される。

　これは、当初、供給量に対して需要量が多い場合に、価格が上昇することによって需要量が調整されていくパターンであるため、このようなケースを

図表 8-2　価格決定メカニズム

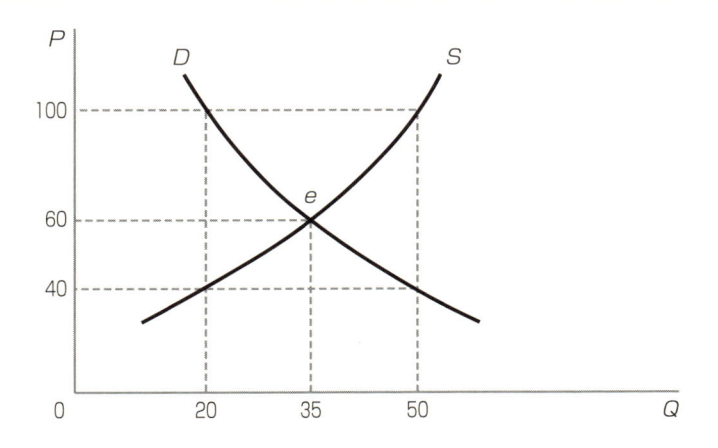

価格調整という。

　図表 8-2 をみながら 1 つ 1 つ確認しよう。まず、価格が 40 のとき、市場で何が起きているかを考えてみよう。価格 40 のときに供給曲線 S の横軸が示す供給量は 20 しかない。それに対して需要曲線 D の横軸が示す需要量が 50 あることがわかる。すなわち、市場では品不足状態であり、買いたい人が行列を作って待っている状況である。一般に売り手市場といわれる。

　この状況を超過需要という。超過需要になり行列を作って待たされるならば、もう少し高い価格でも買おうとする人が現れるだろう。また、供給者（企業）も、もっと高い価格でも買ってもらえると考えるだろう。よって、超過需要のときには、均衡点 e まで価格が上昇していき、供給量が増加するとともに需要量は減少していく。

2.2　超過供給

　昔はバナナの叩き売りというものがしばしばみられた。まず、高い価格で買う人がいるかを聞き、買う人がいないと、次々と価格を下げていき、最初

に買ったと宣言した人が、そのバナナを購入した。

再び、図表8-2で確認しよう。まず、価格が100のとき、市場で何が起きているかを考えてみよう。価格が100のときに供給曲線Sの横軸が示す供給量は50ある。それに対して需要曲線Dの横軸が示す需要量は20しかないことがわかる。すなわち、市場では売れ残り状況である。

この状況を超過供給という。夜のスーパーマーケットの生鮮食料品売り場を思い出してほしい。このとき供給者は、値下げをしてでも売れ残った商品を売ろうとするだろう。また価格が下がれば、買おうと思う人も多くなる。よって、超過供給のときには、均衡点eまで価格が下落していき、供給者は供給量を減らし需要量は増加していく。一般に買い手市場といわれる。

2.3 ワルラス的調整過程

以上、均衡価格よりも、価格が低ければ超過需要となり価格が上昇し、価格が高ければ超過供給となり価格が下落し、均衡価格へと収斂していく[1]。

とくに19世紀までの経済学においては、市場における価格調整が重視され、価格調整によって決定された価格が、市場経済のシグナルの役割を果たすと考えられていた。したがって、政府が政策によって最低価格などを法律で強制すると、市場による調整が損なわれ、経済に弊害が生じると考えられていた。

2.4 バブルとデフレスパイラル

現実の経済では、価格が収斂しないケースもある。その場合、価格は上昇し続けてバブルやハイパーインフレーションに陥ったり、下落し続けてデフレスパイラルに陥ったりする[2]。

たとえば、日本のみならず、世界各国で不動産バブルが発生した。土地の

---

1) このような価格調整を中心とした市場の需給調整のプロセスは、市場均衡理論の先駆者であるレオン・ワルラスの名をとりワルラス的調整過程といい、価格調整によって市場が安定している状態をワルラス安定という（⇒序章3.6）。

供給は短期的には非弾力的である。そのときに、不動産価格に大きな上昇予想が生じたらどうなるか。

実際には「買うから上がる、上がるから買う」という現象が起きた。そのとき需要曲線は右上がりとなる。そうなるとひとたび不動産価格が均衡価格よりも高くなると超過需要となり、価格上昇圧力がかかり価格がどんどんと上昇することになる。

逆の現象も起きた。バブルが崩壊して、不動産価格がどんどん下落していった。これは人々が、もう少し待てばもっと価格が下がると買い控えが起きた。すなわち、不動産価格が下がれば下がるほど需要量が減った。これは、需要曲線が左下がりとなったため、価格が下がるほど超過供給となったためである。

3 数量調整

ワルラスは、価格による調整で市場均衡を考えた。それに対してマーシャルは、実際の経済では、供給サイドが供給量を増減させて調整するケースが多いと考えた[3]（⇒序章3.6）。

3.1 短期調整

欧米では、配分のやり方を、パイを使って表現する。もし、何らかの原因で、人々への配分量が10%減ったとしよう。パイにたとえるなら、パイの量が10%減少したという。どのように調整すべきか。前提として、今まで10人で、このパイを配分していたとしよう。

---

2) デフレスパイラルとは、デフレによる物価の下落で企業収益が悪化して人員や賃金が削減され、それにともなって失業の増加や需要の減退が起こり、さらにデフレが進むという連鎖的な悪循環に陥った深刻な不況をいう。
3) よって、供給サイドの数量調整による市場均衡への需給調整プロセスを、マーシャル的調整過程とよぶ。

まず、1つの方法は、10人全員が10%ずつ自分の取り分を減らす方法である。

代表的な例として、労働市場をみてみよう。景気が悪くなり、企業が支払える労働者への給与総額が10%減ったときに、従業員全員が労働時間（よって賃金）を10%ずつ削減する方法である。これはワークシェアリングといい、ヨーロッパなどで採用されている。

しかし、不景気のときこそ、私たちはたとえば資格をとるなどして、自分の商品価値を高めようとする。日本においては、ワークシェアリングよりも、こちらの方法の馴染みが深いだろう。自助努力で何とかして自分のパイの取り分を確保しようとするのである。

しかし、全体のパイが10%減少しているのである。全員が自分のパイを守ることはできない。

このとき、価格調整ではなく、もう一方の市場の調整方法である**数量調整**が行われることになる。この例では、10人のうちの誰か1人が、競争に敗れて失業する。そうすれば、残った9人はパイを減らさずにすむ。このように、供給サイドで供給量を増減させて調整することを数量調整という。

労働市場は、短期的には数量調整が行われる。よって、当初は仲間を減らすことを防ぐため、まず新規採用を減らし、それでも対応できない場合は、希望退職制度などを使って社員を削減していく。

3.2 長期調整

しかし、当初は数量調整された市場も、時間をかけると価格調整されていく。1990年代のバブル崩壊後の不景気において、日本ではワークシェアリングが行われなかった。企業はなるべく雇用を守ろうとがんばり、賃金を下げなかった[4]。しかし、企業が賃金を下げないということは費用が下がらないことを意味して、企業業績が上昇せず、不景気をますます長引かせてしまった。

そして10年近く経ち、ついに日本の平均賃金が下がった。数量調整によ

って職を失った人々（その多くは女性と若年層および定年を過ぎた人々）を、低賃金の非正規社員（アルバイト・パート・定年延長者など）として採用して増加させ、新卒新入社員という正規社員の採用を制限して正規社員を減少させて、平均賃金を引き下げた。これによって日本企業は、20年近くかけて、ようやく業績を回復し始めた。

このように、最も価格が下がりにくい（価格調整が起こりにくい）労働市場においても、時間をかけることによって価格調整を行った。すなわち、短期的には数量調整を行ったとしても、長期的には価格調整によって市場の均衡が達成される。

---

4) とくにこの期間に、円高が起きたことが問題を大きくした。円が上昇したため、円ベースで生活する日本人にとって、たとえ給料が上昇しなかったとしても10%の円高になれば、外国からみて日本人の給料は10%上昇することを意味する。

　よって、外国企業が日本市場に参入せず、相対的に賃金の安い中国などアジア各国に逃げてしまった（ジャパン・パッシング）。また、日本企業も海外に工場を建設して、本来日本人が雇用されるはずだったのに、賃金の安い現地人を採用することから雇用が外国に逃げてしまった（日本の産業空洞化問題）。

第9章

最適資源配分

　市場における需要曲線と供給曲線の均衡状態を分析すると、さまざまな経済問題を解決するツールとなる。このときに余剰分析というツールを使うと、経済学が目指す最大多数の最大幸福が明確にわかり、さまざまな問題点を浮き彫りにしてくれる。

1　現実の市場

　市場では、需給が均衡したときに、最大多数の最大幸福が達成される。半面、均衡が成り立たない事態が起こると、富の分配が不公平になったり、資源の配分に無駄が生じてしまう。そこで、需要曲線と供給曲線を使って、現実の市場で何が起きているかをみていこう。

1.1　ガソリンへの環境税課税

　今日、地球環境問題が国際的な最重要課題とされ、とくに二酸化炭素など温暖化ガスの排出削減が各国で取り組まれている。その1つがガソリンへの環境税（炭素税）の課税である。これは、ガソリンの使用量を抑制することで温暖化ガスの排出を抑制しようとするものである。しかし、必ずしも効果があがっているとはいえない。その原因を明らかにする際にも、余剰分析は重要なヒントを与えてくれる。

図表9-1　環境税の経済効果

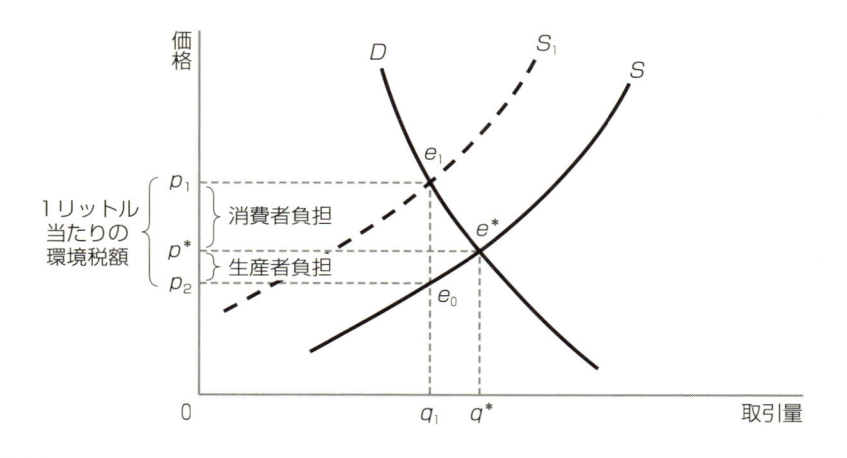

ガソリンへの環境税課税の問題とは何か。結論からいうと、短期的には環境税が、ガソリン消費の抑制にはあまりならず、また納税負担が、消費者のほぼ一方的な負担となるからである。

通常、ガソリン税は供給者である企業が納税する。しかし、企業は課税額を小売価格に上乗せする。それが、なぜ最終的には消費者が環境税の多くを負担することになるのだろうか。

図表9-1をみてみよう。横軸に需要量および供給量をとり、縦軸に1単位（1リットル）あたりの価格をとる。太線で表された需要曲線 D と供給曲線 S の交点である点 e^* が、課税前の均衡価格 p^* と均衡取引量 q^* を示す。

注目すべきは、ガソリンの需要曲線 D の価格弾力性である。ガソリン車はガソリンでしか動かない。代替財が存在しないからである。だから、ガソリン価格が上昇したからといって、そう簡単にガソリンの消費量を減らすわけにはいかない。よってガソリンの価格弾力性は短期的には0.2くらいである。そのため、ガソリンの需要曲線 D の傾きは大きい。

ここに環境税を課税した場合、1リットルあたりの環境税額が供給曲線に

上乗せされるので、供給曲線は税額分だけ上方にシフトして点線 S_1 となる。すると、新しい均衡点は点 e_1 となり、均衡価格は p_1 に均衡取引量は q_1 となる。

ガソリンの取引量はたしかに減少したが、その減少量は微々たるものである。ほかに代替財がなく、需要の価格弾力性が低いからである。それに対して環境税額が上乗せされたため消費者が支払うガソリン価格は p_1 に上昇した。それに対して、生産者が受け取る価格は p_2 である。よって p_1-p_2 が1リットルあたりの環境税額である。

次に環境税額の負担についてみてみよう。もともとの価格 p^* との差額で環境税の負担がわかるが、グラフをみると、圧倒的に消費者の負担が大きいことがわかる。

納税負担の割合は、ガソリンの価格弾力性がポイントであることがわかる。短期的にガソリンの価格弾力性が小さい場合、環境税によって減少するガソリン消費量は少なく、また、環境税の負担は消費者に重くのしかかるのである。

また価格弾力性が高い場合は反対の結果になる。課税による消費量の減少は大きくなり、負担は生産者サイドに大きくなる。

ただ、長期的にはガソリンの価格弾力性は大きくなる。よって将来的にはガソリンの消費量は減少し、環境税の負担は生産者サイドが多くなる。

このように、需要曲線と供給曲線を用いて市場での均衡を研究することで得るものは大きい。さらに分析を深めるため、生産者余剰と消費者余剰についての余剰分析についてみてみよう。

1.2　株式市場

財やサービスは、市場の需要と供給で価格が決まるが、その典型である株価の決まり方を紹介しよう。株式市場は、多くの買い注文と売り注文が1か所に集中されるため、価格の変動が頻繁に起き、また流動性が高い[1] ことから、経済学が想定する市場取引の典型例といえる。

昨日の終値が120万円の株があったとしよう。A氏はその株を1株保有

図表 9-2　株価の決定

優先順位	売株数	価格	買株数	優先順位
1〜210	210	成行	180	1〜180
869〜930	62	123万円	43	181〜223
796〜868	73	122万円	142	224〜365
628〜795	168	121万円	432	366〜797
377〜627	251	120万円	125	798〜922
245〜376	132	119万円	121	923〜1,043
211〜244	34	118万円	65	1,044〜1,108

しており、換金化するために証券会社に売り注文を出す。A氏は119万円以上なら売ってもよいと考えてはいるが、できるだけ高く売りたい。ただし、売り手はほかにもいるので、もしA氏が123万円で売るという注文を出した場合に、ほかの売り手が121万円で売る注文を出したら、価格の低いほうが優先されるため、A氏の売り注文は契約できない（売れない）可能性がある[2]。

そこでA氏は、成行注文を選択した。この注文形式では、注文が証券取引所に届いたときの価格で契約されるので、売り価格を指定できないかわりに、価格を指定する注文（指値注文という）よりも優先して売ることができる。

---

[1]　流動性とは、資産交換の容易さを表す性質をいう。不動産と比較してみよう。株は、注文を出せば、すぐに売買できる。しかし、所有している不動産を売るには、買い手が現れて換金化するまでに時間がかかる。また、買う場合も同じく時間がかかる。よって、不動産は株と比較すると、流動性が低いという。

[2]　相手、すなわち買い手の立場になって考えてみよう。買い手としては、同じモノならば、価格の安いほうから買いたいだろう。だから、売り注文は、価格が安いほうから優先して契約されていく。
　　買い注文の場合はこの逆で、価格の高い買い注文から優先して契約されていく。

図表 9-3　売り手余剰と買い手余剰

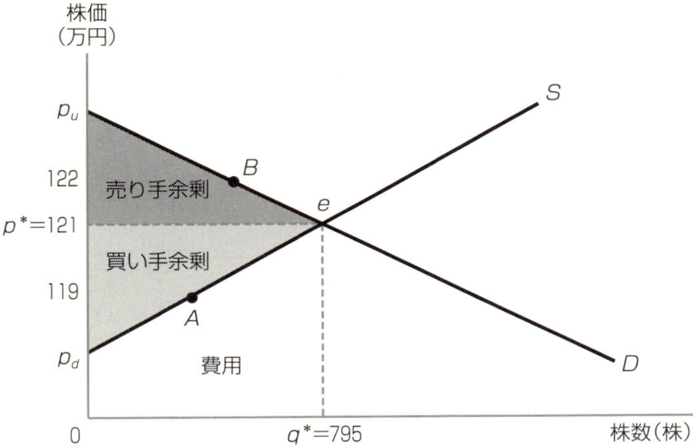
株価
（万円）
S
p_u
B
122
売り手余剰
e
p^*=121
買い手余剰
119
A
p_d
費用
D
0
q^*=795
株数（株）

一方、B 氏はその銘柄を 1 株買いたい。買う場合は、高い価格のほうが優先されるので、昨日の終値よりも高い 122 万円で買い注文を出すことにした。

株の取引は、午前 9 時に始まる。全国にある証券会社の支店からの注文が、東京証券取引所のメインコンピュータに集められる。そして、売りと買いを別々にしてコンピュータの画面上に整理して、価格順に並べられる。

たとえば、売りの成行注文は A 氏の注文を含めて 210 株あり、買いの成行注文は 180 株あったとしよう。すると、図表 9-2 のように、一番上の成行の欄に、売りは左に、買いは右に表示される。さらに、全国からの価格を指定した指値注文が、各価格別に集計して並べられる。

その結果、集計結果が図表 9-2 のようになったとしよう。表は、わかりやすくするために優先順位を示してある。右側の買い注文は、まず成行注文が最優先となり、次に価格が高い順に優先順位がつくので、右端の欄のようにとなる。また、売りの優先順位は価格が低い順となるので、左端の欄となる。

このときの売り手と買い手の余剰を表したものが図表 9-3 である。買い手

（需要サイド）をみると、図表9-2ではB氏と同じように122万円以下でなら買ってもよいと思っている人は365人、119万円以下なら買ってもよいという人は（B氏らも含め）1,043人いる。このように123万円から118万まで価格が下がるにつれて買い注文数が増えるので、図表9-3の需要曲線Dは右下がりとなる。

一方の売り手（供給サイド）は、価格が上がるほど売り注文が増えるので、供給曲線Sは右上がりとなる。

図表9-3では、需要曲線と供給曲線の交点eのときに売りと買いの株数が一致する。これを図表9-2でみると、価格が121万円のときに売りの優先順位が628位から795位まで、買いの優先順位は366位から797位なので、795株まで一致することがわかる。したがって、午前9時に決まる株価は121万円で、契約が成立する株数は795株となる。

さて、まとめよう。B氏は122万円で買ってもよいと思い、122万円で指値注文（図表9-3の点B）を出したが、121万円で買えたので予定より1万円安く買えた。したがって、1万円の余剰を得たと考えられる。同様に、123万円から121万円の間で買ってもよいと考えていた買い手は、契約価格との差額が余剰となるので、三角形p^*p_ueを買い手の余剰という。

また、A氏は119万円で売ってもよいと考えていたところ、121万円で売れたので、予定価格（図表9-3の点A）より2万円高く売れたことになる。したがって、三角形p_dp^*eは、売り手の余剰という。

2　生産物市場

通常の財やサービスを売買する市場を、生産物市場という。生産物市場における売り手とは、生産者であり、買い手は消費者である。

2.1　生産者余剰

この生産物市場における取引から得られる生産者である企業の便益を、生

図表 9-4 生産者余剰

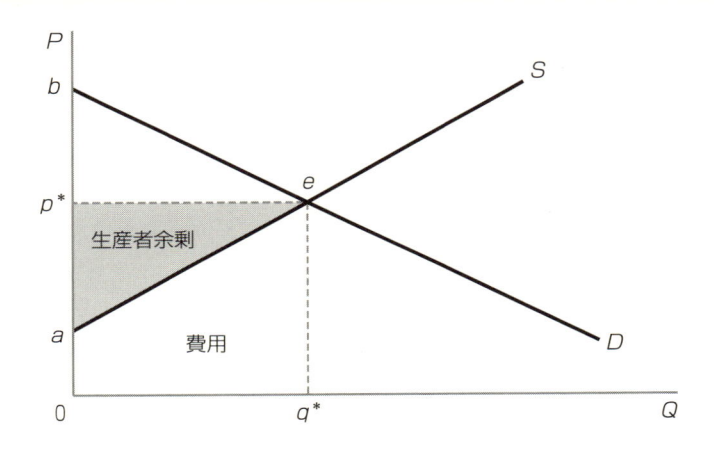

産者余剰[3] という。

図表 9-4 で確認してみよう。横軸に取引量、縦軸に価格をとり、需要曲線 D と供給曲線 S が描かれ、このとき均衡点 e、均衡価格 p^*、均衡取引量 q^* となっている。

この財を供給する全企業の総収入は、価格 p^* ×取引量 q^* であるから、長方形 $0p^*eq^*$ の面積で表される。また、供給曲線は各企業の限界費用の合計額であるため、台形 $0aeq^*$ の面積が、この財を供給する全企業の（変動）費用の合計額となる。

売上高から費用を差し引いた差額は利潤である。よって、三角形 ap^*e が、この財を供給する生産物市場における売り手の余剰であり、次に説明する消費者余剰に対して、生産者余剰という。

---

[3] 厳密には、総収入から可変費用を引いたものに一致するので、固定費用を無視した場合の利潤に等しい。

2.2 消費者余剰

生産物市場における、買い手の余剰が消費者余剰である。すなわち、最大限支払ってもよいと考える価格（支払意志額。WTP: Willingness To Pay）が、実際に支払う価格を超過している分である。

人はなぜ財やサービスを買うのか。それは消費者の欲求を満たすためである。自給自足ではなく分業を行う現在の社会では、人は自分が提供する財・サービス以外のものは自分で生産しない。そこで必要な財やサービスが不足するという問題を解決するために、購買行動をとる。

そのとき、自分の問題を解決するために支払おうとする価格が支払意志額である。お腹が減ったという欲求を解決するためなら、安い価格でもよいだろうが、特別に美味しい料理が食べたくなったならば、それなりの価格を支払ってもよいと考えるだろう。もし、有名レストランで1万円支払ってもよいと考えたが、実際の支払金額が8,000円であれば、2,000円の差額が生じる。これが図表9-5で示される消費者余剰である。

図表9-5　消費者余剰

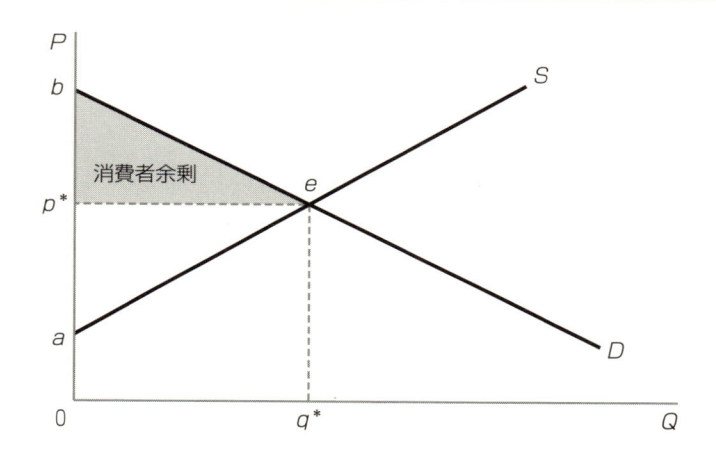

2.3 社会的余剰

社会的余剰とは、消費者余剰と生産者余剰（ならびに政府の税収）の合計のことをいい、社会的厚生ともいう。この額が大きいほど社会全体の利益が大きくなっていることから望ましい状態となる。もし、何らかの理由で社会的余剰が減少したときは、経済社会の効率的な運営が阻害されており、無駄が生じていることになる。

すなわち、経済社会を構成する経済主体として、消費者と生産者および政府をあげ、それぞれの主体が市場取引によって得る便益（余剰）を分析することによって、経済活動の成果の効率性や、政策の効果を測る指標として利用される。

2.4 死荷重（社会的損失）

経済学の役割は、経済を効率化し無駄をなくすことである。それではどのような行動や制度が、経済に無駄を発生させるのか。それを知るためのツールとして、余剰分析は有用である。この節の初めに、ガソリンへの課税を考えたが、ここで余剰分析を行ってみよう。

図表9-6からわかるように、政府がガソリン1単位あたりにt円の税金を課すと、供給曲線はSからS'へとt円だけ上方にシフトする。すると均衡点はe'となるため、均衡取引量はq^*に、均衡価格はp^*となる。

このときの余剰をみると、もともとの社会的余剰は三角形abeであったが、課税後の社会的余剰は台形$abe'c$となる。その内訳は、三角形p^*be'が消費者余剰、三角形adcが生産者余剰、政府の税収が長方形$dp^*e'c$である。

すなわち、課税前と比べて三角形$ce'e$の面積が失われてしまうことがわかる。この三角形を死荷重といい、政府の課税によって経済社会全体から失われた資源の無駄であり、ヨーロッパでは「悪魔の取り分」といわれる。

死荷重は、政府の課税以外のさまざまな原因で発生する。経済学は、それを明らかにし、できるだけ死荷重をなくす、もしくは少なくする方法を研究するものである。

図表 9-6　死荷重（社会的損失）

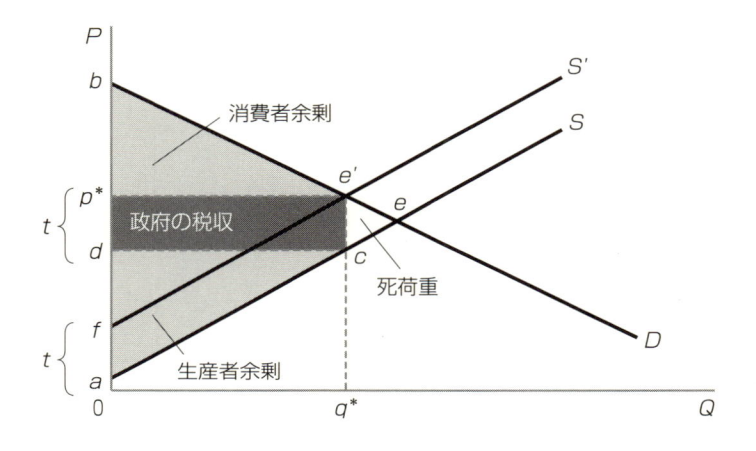

3　政府の介入

スミス以来の経済学では、市場はできるだけ自由であるべきとし、政府が経済に関与することを、なるべく避けるよう主張する。以下、余剰の分析を使って政府の関与の是非を考えてみよう。

3.1　最低賃金法

多くの国々では、労働者が不当な低賃金で働かされることを阻止するために最低賃金法が定められている。しかし、経済学者たちは伝統的な完全競争モデルにもとづき、最低賃金法を厳しく批判してきた。彼らによれば、最低賃金法は低賃金層の雇用を減らしてしまい、かえってそうした層の労働者の生活を悪化させてしまうという。

図表9-7を使ってみてみよう。最低賃金が本来の均衡賃金率（w_0）よりも高い位置（w_1）で設定されたならば、労働需要に超過需要が発生してしまう。よって最低賃金法は、本来労働者がもつ価値以上の給料の支払いを経営者に

図表 9-7　最低賃金法

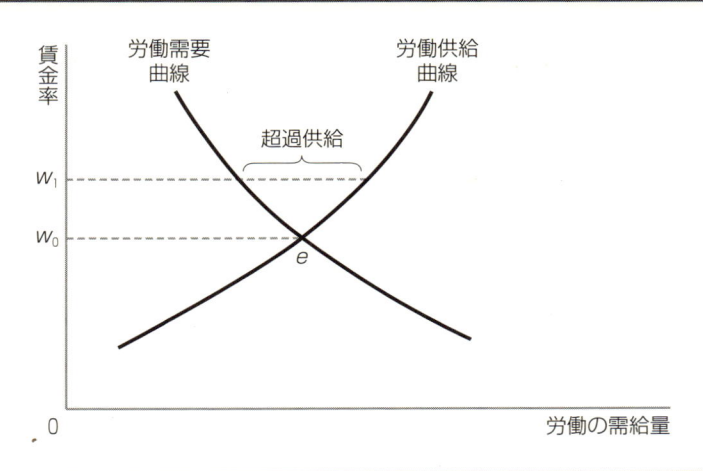

（労働需要曲線と労働供給曲線のグラフ。均衡点 e で賃金率 w_0、最低賃金 w_1 において超過供給が発生する様子を示す）

強いる。すると経営者は労働者を雇えば雇うほど損失が発生するので、労働者を雇うのを手控えてしまい、結果として失業者数が増加する。

よって、最低賃金法がなければ、経営者たちは労働者の価値に見合った給料で彼らを雇うことになるので、労働者たちは低賃金に甘んじねばならないものの、失業は避けられることがわかる。

このテーマの本質は、市場の価格調整に関する問題である。政府の規制がなければ市場の価格調整によって失業を避けることができると経済学者は主張するのである。

3.2　制限家賃

同じく政府の介入による価格調整ができない問題として制限家賃がある。アメリカの多くの都市では、州政府が家主に対し、借家人に請求できる家賃に対して上限を設定している。この政策の目的は、住宅を手に入れやすくして貧困層を援助することにある。

しかし経済学者は、家賃規制について貧困層の生活水準を高めるための援

助方法としてはきわめて非効率的であると批判している。ある経済学者は家賃規制のことを、「空爆を除けば都市を破壊する最善の方法」とまでいっている。

これは均衡家賃よりも低い水準で最高家賃が決定された場合である。このとき、市場は超過需要となる。すると、家主は住宅の割当てを行うためにさまざまな手段を用いる。子どものいない借家人を優先したり、人種によって差別したりする。

政策立案者は、対応策としてさらに規制を課そうとする。たとえば、住宅供給における人種差別を違法とし、また最低限の適切な居住条件を提供することを家主に義務づける法律がある。しかしながら、これらの法律は執行が困難なうえにコストがかかる。

経済学者は、家賃規制が廃止され住宅市場が市場メカニズムによって運営されれば、法律や規制の必要性は少なくなると主張する。自由市場においては、住宅不足がなくなるように家賃が調整され、その結果として、家主の望ましくない行動を引き起こさないからである。

最低賃金も制限家賃も、善意によって設定された。しかし、その効果は有益になるとはかぎらない。ユリウス・カエサルは、「たいがいの物事の初めは、善意によって始まる」といった。現在、世の中に弊害を与えている存在も、当初は人々の善意によって始められている。それが時代に合わなくなっていく。どんなに善意で始めた制度であっても、十分に研究し、また世の中の動きに合わせて改善しないと、人にとって有益になるとはかぎらないのである。

図表9-8　自由貿易

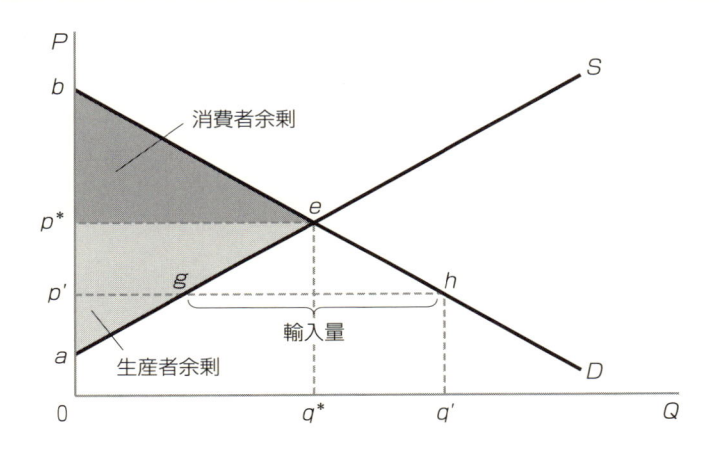

4　自由貿易

　リカードは、比較生産費説によって、関税のない自由貿易による、国際分業の効率のよさを示した（⇒第1章4.2）。それ以来、経済学は、貿易に関しても政府が関与しない自由貿易を推奨している。ここでは、余剰分析を使って貿易についてみていこう。

　まず、関税の効果についてみてみよう。関税のない自由貿易が推奨され、また関税引下げの国際会議が多く開かれているのに対して、現実には多くの財の貿易に対して関税が課されている。関税の効果にはどんなものがあるのか。

　図表9-8をみながら考えてみよう。貿易がない場合、国内におけるこの財の均衡価格は p^* であり均衡取引量は q^* である。また消費者余剰は三角形 p^*be であり生産者余剰は三角形 ap^*e、そして社会的厚生は三角形 abe となる。

　次に自由貿易が行われ、海外から安い輸入品が入ってくるとどうなるだろうか。価格が p' まで下がったとしよう。すると、価格が下がったため消費

図表9-9　関税があるケース

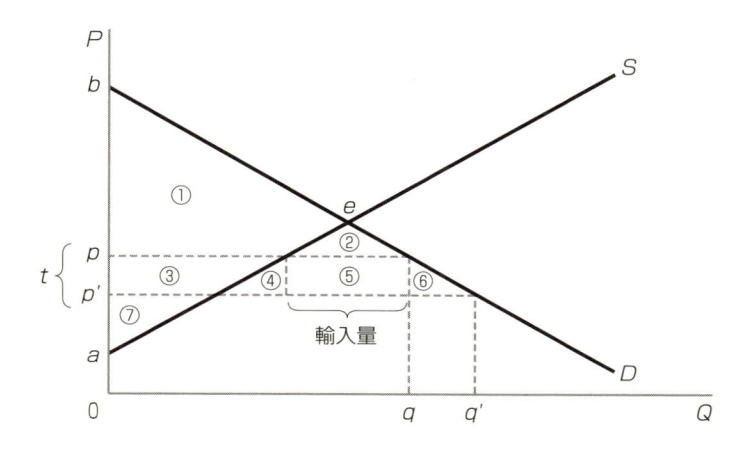

者余剰は三角形 $p'bh$ と大きくなる。その反面、生産者余剰は海外からの安い輸入品に押されて三角形 $ap'g$ と小さくなる。しかし、社会的厚生は三角形 geh だけ大きくなることがわかる。

　ここで国内の生産者を保護するため、関税が輸入品1単位あたり t だけ課税されたとしよう。図表9-9のグラフが関税課税後の余剰分析である。

　輸入品1単位に t だけ課税されると、課税後価格は p となり、課税後取引量は q となる。このときの生産者余剰は⑦と③であり、課税前と比べると③だけ増加する。しかし、価格が上がったので消費者余剰は①と②の部分だけ減少する。また、政府の関税収入は貿易量に t を乗じた⑤の部分である。

　よって、関税をかけた場合、④と⑥の部分が死荷重となり、社会的厚生は減少してしまうことがわかる。関税の廃止と自由貿易を奨励する根拠はここにある。

第3部　市場の失敗

第10章 独　占

　これまで、市場における需要と供給で決まる価格をシグナルとして、人々が自己の利益を追求するべく経済活動を行えば、社会的余剰が大きくなることをみてきた。ここから、政府は経済に介入すべきでないという結論が導かれる。

　しかし、市場が常に効率的な資源配分を達成するわけではない。経済を市場メカニズムに任せた結果、経済的な効率性が達成されない現象を市場の失敗という。このとき、政府による経済への介入が求められる。

　本章では、市場の失敗の代表例である独占について学ぶ。

1　完全競争市場と不完全競争市場

　市場は完全競争市場と不完全競争市場に大別することができる。まず、完全競争市場は、以下の条件をすべて満たす市場のことをいう。

- 売り手、買い手が無数に存在する。
- 一物一価の法則が成り立つ。
- 売り手、買い手はともに同一情報をもっている。
- 製品の差別化は存在しない。
- 市場への参入と退出は自由である。

これらの条件をすべて満たす例は多くないが、農産物市場や株式市場が、完全競争市場の代表例といわれている。これに対して、上記の条件のいずれか1つでも満たされていないとき、不完全競争市場とよばれる。

たとえば、売り手が1社で買い手が無数であれば独占、売り手が2社で買い手が無数であれば複占、売り手が少数、買い手が無数であれば寡占などと、市場は分類されている。

ここでは、不完全競争市場のうち、売り手独占を取り上げ、完全競争市場との比較を考えながら、なぜ独占が市場の失敗なのかを学習する。

1.1 競争と淘汰

市場経済は、希少な資源・資金・エネルギーを効率よく生産させて富を増やし、人々の生活を豊かにすることを目指している。

それでは効率が悪い企業はどうなるだろうか。効率が悪ければ、たとえば同じ製品を製造しても、費用や資源やエネルギーが多くかかるだろう。すると、最後にはライバル企業との競争に敗れる。敗れたくなければ、効率的になるよう改善をしなければならないというインセンティブを、市場は効率の悪い企業に与えることになる。

もし、改善できなければどうなるだろうか。たとえば景気が悪くなったときに値下げ競争などが起きて、効率の悪い企業は採算が合わなくなり、その製品の生産から撤退することになるだろう。

つまり、市場経済での競争は、効率の悪い企業に改善へのインセンティブを与え、市場からの撤退を迫る。それによって、市場では効率の悪い企業が淘汰され、全体として効率が上がり、希少な資源・資金・エネルギーを、より有効に利用できるようになり、経済は成長していく[1]。

---

[1] 20世紀に、市場経済（資本主義）陣営と計画経済（社会主義陣営）が対立したが、経済の成長の差によって計画経済陣営が敗れ去った。市場経済陣営の勝因が、この競争による経済の成長であった。計画経済ではすべての企業が国有企業であり、競争がなかったのである。

しかし、企業の淘汰が進むと、弊害も起き始める。多数の企業が競争している状況であるならば、どの企業も安くて質の良い製品を供給しようとする。その結果、次々と市場から淘汰されたり吸収合併されたりする企業が増え、企業が少なくなっていく。

さらに、そのような状況が進めば、企業が1社になるだろう。もはやライバルがいないので、競争する必要がなくなる。そして、さらなる低価格で質の良い製品を開発・改善するためのインセンティブを失ってしまう。

とくに、ライバルがいないために、その財に関して価格競争が起きなくなることが問題である。企業は、自社の利潤を極大化させようとするインセンティブが働くので、高い価格を設定するかもしれない。そのとき消費者は、その高い価格を受け入れざるをえなくなる。つまり、完全な売り手市場となる。そこで現代では、独占禁止法という法律でさまざまな規制をしている。

1.2 プライステイカー

今までの説明は、単純化のためにあえて書いてこなかったが、企業はプライステイカーであることを前提としていた。プライステイカーとは、市場の価格を所与（与えられるもので、自分ではコントロールできない）として行動する経済主体をいう。

競争するライバル会社が市場に多数存在していれば、自社だけでは自由に価格設定ができず、市場の需給で決まる価格で取引しなければならない。

しかし、これを前向きに解釈すると、自社が供給量を増やしたとしても市場全体の供給量と比較すると微々たるものであり、市場の価格は変わらない。

1.3 プライスセッター

市場においてある企業の供給量が、市場価格に影響を与える場合、その企業はプライスセッターであるという。すなわち、巨大な企業は自社で市場価格に影響を与え、さらに巨大になると、市場価格を決定できる力（価格支配力）をもつようになる。

1.4 現実の市場

　現実の市場は、ほとんどの財が不完全競争市場である。自由競争は、勝者と敗者を生む。たとえば日本で携帯電話が普及し始めた頃、多くの業者が新規参入した。それが競争を生み、ユーザーに都合のよいサービスを提供した業者が勝ち残り、敗れた者は勝者に吸収合併されて、事実上、市場から退出していった。

　よって競争がある市場は、弱肉強食の世界である。そうなると、携帯電話の例のとおり、価格も含めた顧客サービスが悪い企業は淘汰されていき、最後には独占企業1社の市場になるかもしれない。

2　独占企業

　独占市場においては、独占企業のみが製品を販売しているので、自由に価格を決定できる。したがって、独占企業は自身の利潤を極大化する価格をつける。

　まず、前述のとおり、ライバルがいないことから価格競争が働かないため、完全競争市場にあるときよりも高い価格をつける傾向がある。また独占企業は完全競争下にあるときよりも、供給量を少なくする傾向もある[2]。

　それでは、独占企業の最適生産量を考えてみよう。独占企業であっても、利潤は総収入から総費用を差し引いたものである。

2.1　総収入

　企業の総収入は、価格と販売量を乗じて計算される。なお、ほかに供給者がいない独占企業においては、市場の需要曲線がそのままその独占企業の需要曲線となる。図表10–1をみてみよう。独占企業が価格を p_0 と設定すれば、ほかに供給企業が存在しないので、販売量は q_0 となる。

---

[2]　製品を完全競争市場並みに多く売るには、より多くの消費者に商品を買ってもらうために、完全競争市場並みに価格を引き下げねばならない。

図表 10-1　独占企業の総収入

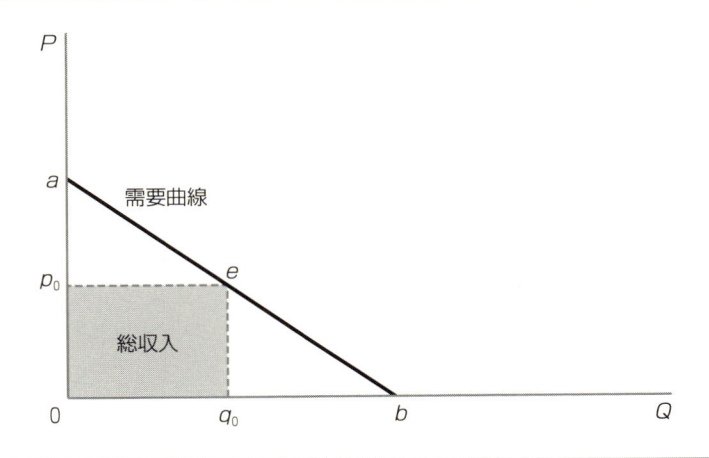

そして、価格 p_0 と販売量 q_0 を乗じた数値が総収入となる。図表 10-1 における、長方形 $0p_0eq_0$ の面積である。

価格を設定できる独占企業の特権に従って、価格を操作してみよう。価格が高ければ高いほど、総収入が増えるとはかぎらない。

たとえば、価格を非常に高くして a に設定したときは、誰も買えないので販売量はゼロになる。価格が高くとも販売量がゼロならば、総収入もゼロである。そこから価格を下げていくと、需要量が増えていくので、総収入も増えていく。

ただし、販売量が2倍になるように価格を設定しても、総収入は2倍にならない。需要曲線に従って価格が下がっていくからだ。すなわち、供給量を増やしすぎると、いつか総収入が減少し始めることが予想できるだろう。

一方、価格が非常に安くなると需要量は大きく増えるが、価格が低いぶん総収入は小さくなる。

これらの関係をグラフ化したのが、図表 10-2 の総収入曲線 TR である。プライステイカーの場合のグラフ（図表 4-6）と比べてみよう。プライステ

図表10-2 独占企業の総収入

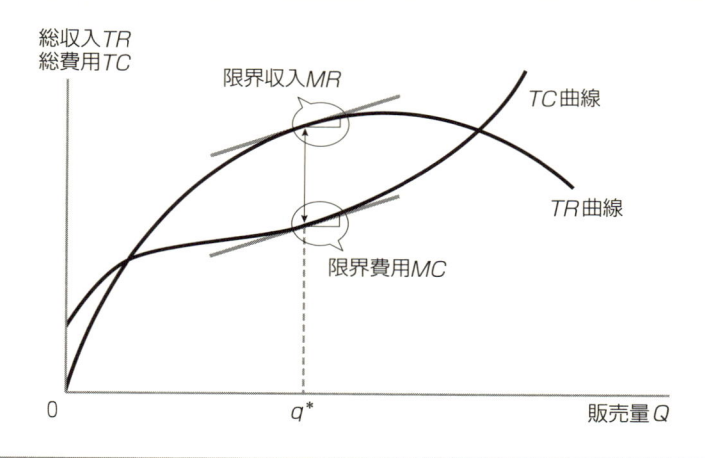

縦軸:総収入 TR / 総費用 TC、横軸:販売量 Q。限界収入 MR、限界費用 MC、TC 曲線、TR 曲線、q^* が示されている。

イカーは、決まった市場価格を受け入れるしかないため、市場価格は常に一定のため、総収入曲線 TR は直線となっていた。それに対して、独占企業の場合は、自分で価格が決められる、すなわち価格が変わるため、総収入曲線 TR も曲線となる。

2.2 最適生産量

さらに図表10-2をみてみよう。総費用を示す総費用曲線 TC は、プライステイカーと同じで、費用逓減局面と費用逓増局面とで反対に曲がる曲線として描かれる。

そして、総収入と総費用の差額が最大となるところが、利潤が極大となる生産量=販売数量である。よって、プライステイカーのときと同じように、利潤極大をもたらす販売量は、TR 曲線の接線の勾配（限界収入 MR）と TC 曲線の接線の勾配（限界費用 MC）が一致するときである。

ここで、数量を横軸にとり、TR 曲線の接線の勾配である限界収入 MR と、TC 曲線の接線の勾配である限界費用 MC を縦軸にとったグラフを描いてみ

図表 10-3　利潤最大条件

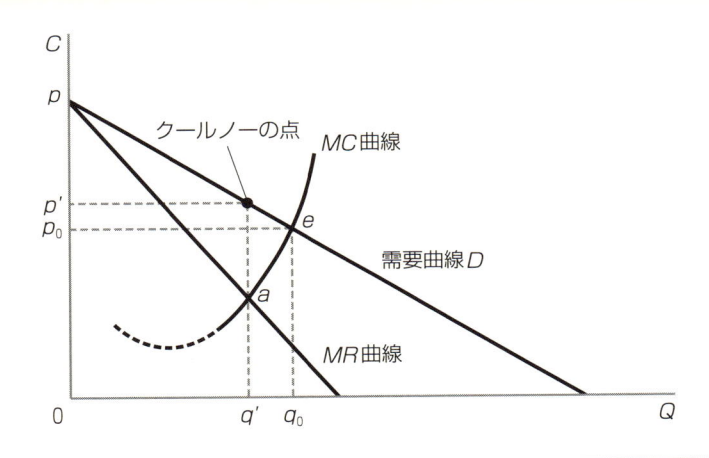

（図中ラベル：C、p、クールノーの点、MC曲線、p'、p_0、e、需要曲線 D、a、MR曲線、0、q'、q_0、Q）

よう（図表10-3）。このとき限界費用曲線 MC は、プライステイカーのグラフ（図表4-7）と同じような曲線となる。

　それに対して MR 曲線は異なる。プライステイカーでは市場ですでに決定された価格を受け入れるしかないので、MR 曲線は水平な直線となる。つまり、プライステイカーの場合、限界収入は市場の価格で一定（$MR=p$）となる。よって、プライステイカーにとっては先に価格 p が存在し、自社の限界費用に合わせて後から供給量を決定することになる。

　しかし、独占企業は自社で価格を設定できるので、自社の利潤が極大化される供給量を先に決め、それに合わせて価格が決まる。図表10-2にあるように、独占企業の総収入曲線 TR は曲線になる。その接線の勾配（限界収入 MR）は徐々に減少していくので、図表10-3における独占企業の MR 曲線は、（プライステイカーが水平となるのに対して）右下がりの曲線となる。

　限界収入 MR と限界費用 MC が一致するところが、その企業の利潤が極大化されるという原理は、プライステイカーもプライスセッターである独占企業も同じである。そのため、図表10-3においては、MR 曲線と MC 曲線

の交点 a の横軸の値 q' が企業の最適生産量となる。

では、企業の最適生産量のときの価格は、いくらになるだろうか。図表10-3の需要曲線において、独占企業は自社の利潤が極大となる最適生産量 q' を供給する。ほかに供給者がいないので q' が市場での総供給量となると、横軸 q' のときの需要曲線の縦軸の値である p' が価格として決定される。この (p', q') の座標で示される点は、フランスのアントワーヌ・オーギュスタン・クールノー[3] の名をとって、クールノーの点といわれる。

もし、この商品の市場が完全競争市場であったならば、供給曲線は企業の限界費用曲線であるから、図表10-3では MC 曲線が供給曲線となる（⇒第4章3.3）。よって需要曲線 D との交点 e が均衡点となり、均衡価格は p_0、均衡取引量は q_0 となる。

ここから、独占市場での価格と取引量は、完全競争市場である場合に比べて、次の特徴をもつことがわかる。

- 価格が高くなる。
- 取引量が少なくなる。

2.3 余剰分析

独占市場においては、完全競争市場に比べて価格が高くなり、取引量が少なくなることがわかった。すると、生産者である独占企業の利潤が大きくなり、消費者の余剰が小さくなることが予想されるが、具体的にどんな弊害があるかを余剰分析で確認しよう。

図表10-4をみると、独占市場の場合の価格は p' で、完全競争市場だった場合の価格 p_0 より高く、また供給量 q' は q_0 より少ない。完全競争市場と独

---

[3] 1801年～1877年。クールノーは、限界革命より半世紀も前に数学的モデルを用いて独占などの理論を展開し、数理経済学の始祖と評される。ワルラスの父の同僚であったことから、ワルラスに経済学を勧め、一般均衡理論へのインスピレーションをもたらしたとされる。

図表10-4 独占市場の余剰分析

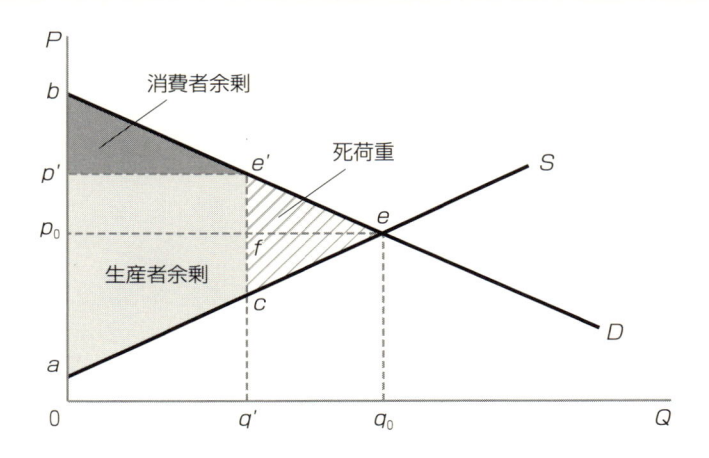

占市場について、各余剰を比較してみよう。

消費者余剰は、完全競争市場であるならば三角形 p_0be の面積であるが、独占市場であると三角形 $p'be'$ の面積となり、台形 $p_0p'e'e$ の面積だけ、消費者余剰が少なくなることがわかる。

生産者余剰は、完全競争ならば三角形 ap_0e であったのが、独占市場であると台形 $ap'e'c$ となる。

社会的余剰は、独占によって、消費者余剰の減少分がそのまま生産者に移動するのではない。社会全体でみると、三角形 $ce'e$ が死荷重となることがわかる。

したがって、独占は死荷重という無駄が発生しており、市場の失敗の1つであるといえる。

第11章

情　報

　なぜ、死荷重のような無駄が生じてしまうのか。指摘されるのは、情報の問題である。無駄が生じない完全市場が成立するための前提条件の1つに、完全情報（情報の完全性）がある。情報の完全性とは、市場参加者全員、すなわち売り手も買い手も、同じ情報を共有しているケースをいい、その状態を情報の対称性という。しかし、現実の市場では、売り手と買い手とでは、同じ情報を共有しているとはかぎらない。

1　情報の非対称性

　売り手の情報と買い手の情報が異なることを情報の非対称性とよぶが、情報の非対称性が存在する状況では、どのようなことが起こるだろうか。

1.1　中古車市場（レモン）

　アメリカでは情報の非対称性が存在する場合に、市場に及ぼす影響について論じたミクロ経済学の理論を、レモン[1]の原理という。

　中古車市場には、外見からは判断できない欠陥車（レモン）と優良車（ピーチ）が混在している。中古車の売り手は、自分の車であるからレモンかピ

---

[1] アメリカでは、欠陥品やくわせもの、質の悪い中古車をレモンという。レモンに対して欠陥がないものはピーチという。

ーチかなど十分な情報を知っているのに対して、買い手はその車について、いかなる情報ももっていない。すなわち情報の非対称性が存在することになる。

簡単な数値例で考えてみよう。今、優良中古車の適正価格は200万円、欠陥車の適正価格は100万円、その確率は50％ずつと仮定しよう。両者の確率50％ずつであるから、その車の期待値は200×0.5+100×0.5＝150万円となるので、150万円が妥当な値段であると、買い手が判断するとしよう[2]。

もし、優良車の場合、売り手は真の価格が200万円であることを知っている。だから200万円で売りに出そうとしても、買い手は150万円以下でないと買おうとしないので、売り手が取引には応じないだろう。よって、優良車は市場に出回らないことになる。

逆に欠陥車の場合、売り手は自分の車の適正な価格が100万円であることを知っている。そのとき、買い手が150万円で買ってくれるというのだから、喜んで150万円で売るから取引は成立する。よって、中古車市場は、欠陥車ばかりが流通することになる。

このように、情報の非対称性が存在する状況では、情報優位者（保持している情報量が多い取引主体）は情報劣位者（保持している情報量が少ない取引主体）の無知につけ込み、粗悪な財やサービスを良質な財やサービスと称して提供したり、都合の悪い情報を隠して保険サービスなどの提供を受けようとしたりするインセンティブが働く。

そのため、情報劣位者はその財やサービスに対して、本来の価値より過度に悲観的な予想を抱くことになる。もし情報の非対称性がなければ売買が行われていたはずの取引の一部が、行われなくなってしまう。その結果、市場で取引されるものは、悲観的な予想に見合った粗悪な財やサービスばかりとなる。

---

[2] なお、アメリカのように多くの人が一生のうちに何回も中古車を買い換える場合、毎回期待値を支払っていけば、当たりはずれがあっても最終的には支払った金額に見合うことも考えられる。

通常は、市場を通じた取引により、良いものが選ばれ生き残るという選抜や淘汰が行われる。しかし、情報の非対称性が存在する市場では、その逆である。そこから、粗悪な財やサービスしか市場に出回らない状態を、逆選択（逆淘汰）とよぶ。

1.2 逆選択の解決法

売り手が手放そうとしている車についての情報を流すことによって、問題は軽減できる。こうした行動をシグナリングという。また、中古車の売り手が一定期間内であれば返品に応じるとか、品質証明書をつけるとかの行動をとれば、買い手に信用を与えることになる。

2 モラルハザード

モラルハザードとは、取引の当事者間に情報の非対称性がある場合などに、一方の当事者が自己規律を失い、その行動に歪みが生じるため、社会的な効率が損なわれることをいう。もともとは、保険業界で認識されるようになった現象である。

2.1 保　険

自動車保険によって交通事故の損害が補償されることにより、事故を起こしても自分が支払う必要がなくなる。その結果、保険加入者のほうが、加入していない者より、事故を起こす確率が増えてしまった。加入者は、事故を起こしても保険があるので、車の運転が散漫になったり乱暴になったりして、かえって事故発生の確率が高まってしまうのである。

2.2 安全装置の打消し効果

シートベルトやエアバッグは、車の安全運転には欠かせなくなった。こうした安全装置の導入によって死亡事故が減少しているが、反面、事故件数も

負傷者数も増加しているという報告がある。

これは、安全装置の導入によって一部の人の車の運転が乱暴になったためである。こうした現象を安全装置の打消し効果といい、これもモラルハザードの一種である。

2.3 金融危機

銀行が経営破綻すると、経済に大きな打撃を与える。たとえば、日本では1997年に北海道の主要銀行である北海道拓殖銀行が経営破綻した。その結果、北海道経済はなかなか回復の兆しがみえない[3]。2008年に、アメリカで中古住宅市場のバブルが崩壊したとき、日本の経験を研究していたアメリカの政府は、大手投資銀行のブラックストーン社の経営危機に際し、税金を投入して救済した。

しかし、一般の会社が経営破綻しても税金投入してまで救済しないのに、金融機関は特別に救済した。このアメリカ政府の行為に対し、モラルハザードを引き起こすと非難された。金融機関が経営に失敗しても政府が助けてくれるという前例を作れば、他の金融機関がより投機的な経営を行うのではないか心配されたのである。

次に大手投資銀行のリーマンブラザーズ社が経営危機に陥ったときには、アメリカ政府は救済せず、リーマンブラザーズ社は倒産した。その結果、経済危機が世界中に飛び火し、世界金融危機に陥った（リーマンショック）。

翌2009年初頭、大手生命保険会社のAIG社が経営危機に陥ると、アメリカ政府はこれを救済した。しかし、世界最大手の自動車メーカーであるGM社が春に経営危機に陥っても、金融機関でないことから救済しなかった。

---

[3] 北海道の景気が回復しない結果、日本の冬季オリンピックでのメダル獲得が減少してしまった。それまで冬の競技で活躍していた北海道出身選手のスポンサーであった北海道の企業が体力を失ってしまった影響が指摘されている。

　21世紀に入り、冬季オリンピックでメダルを獲得しているのは、製造業が多い東海地区出身の選手が多くなっている。

そのため、金融機関だけが税金で救済されることが、モラルハザードに陥ると指摘された。実際、政府からの援助を受けている最中の金融機関が、高額のボーナスを資金運用担当者に支払った。これは、またリスクの高い運用を行おうとしている典型的なモラルハザードだと受け取られた。2009年の夏には、ニューヨークの金融街であるウォール街に反対者のデモが押し寄せ、金融機関は世間から大きな批判を受けた。

金融機関を保護してモラルハザードに陥るか、保護しないで金融危機に陥るか、いまだに解決策がみつかっていないのが現実である。

3 外部効果

市場が経済を効率的に動かすには、情報を含めたすべての事象が価格に反映される必要がある。つまり、市場価格に反映されない事象が起きると、市場による経済のコントロールは不完全に陥る。その典型的な例が外部効果である。

外部経済とは、ある経済主体が別の経済主体に対し、市場取引せずに利益を与えることをいう。なお、市場取引せずにとは、市場価格に反映しないという意味である。

3.1 外部経済（正の外部性）

外部経済の例としては、養蜂家と果樹栽培農家があげられる。養蜂家が近くにいると、ミツバチが果樹の受粉を促してくれるため、養蜂家に対価を払わなくても果樹農家は生産を増やすことになる。すなわち、農家は便益を得る。

一般に外部経済のケースにあたる財の生産は過小となる。養蜂家の社会的な生産はミツバチによる蜂蜜のみならず、果樹にも及ぶので、本来ならば蜂蜜の価格はその両方を合わせた収益に見合った高い価格となり、それに見合った量の蜂蜜が作られることになる。すなわち、ミツバチをもっと飼育する

ことが社会的に望ましいのである。

しかし、蜂蜜の価格（養蜂家の利益）は、蜂蜜によるものだけに限られる。よって養蜂家は、本来の社会全体が望ましい量よりも、少ない蜂蜜の生産量しか生産せず、ミツバチの飼育も、本来社会全体が必要な量より過小な生産に留まってしまう。市場価格に、他の経済主体の利益が反映しないため、適正な生産量が確保できなくなる例である。

3.2 外部不経済（負の外部性）

外部経済の反対概念として、外部不経済（負の外部性）がある。これはある経済主体が別の経済主体に市場取引せずに損失を与えることをいう。外部不経済の代表的な例としては、環境汚染があげられる（⇒第13章1.3）。

ここでは、タバコの外部不経済についてみてみよう。

国立がんセンターの後藤公彦氏の試算によると、タバコの社会的損失すなわち外部費用は年間2兆8,500億円に達するという（後藤1998）。

まず、タバコ産業の経済的メリットは、タバコ産業の賃金が1,900億円で内部留保が1,600億円、他の産業（たとえば仕入れ元の農業など）の賃金が1,700億円でその産業の利益が3,300億円、そしてタバコ税が1兆9,000億円と、圧倒的に税金が多い。

一方、タバコが原因で生じる社会的コストは、医療費の3兆2,000億円から始まり、合計で5兆6,000億円に達するため、外部費用としてその差額の2兆8,500億円が不足しているのである。これは、タバコを吸う人だけでなく、その周囲の人にまで被害が及んでいることも原因となっている。

外部不経済が発生しているということは、タバコの取引量（喫煙量）は過大になっていることになる。上記の試算では、外部不経済を考慮に入れたタバコ1箱の適正価格は600円になるという。

第12章
公共財

産業革命以来、人々の生活を豊かにしてきた財・サービスのほとんどは、民間の企業が提供してきた。しかし、民間では提供できない財・サービスも存在する。一般に公共財といわれるが、その元手となる資金は、政府が税として人々から集め提供しなければならない。

1　公共財の特徴

公共財とは、いったん供給されれば、その社会（地域・国）に住む人全員に、利用を望む多くの人に無料で同時に供給することになる財をいう。厳密には、非排除性と非競合性という2つの性質をもつ財・サービスと定義される。

1.1　非排除性

普通、財やサービスは代金を支払わない人は利用できない。代金を支払わない人は、排除される（利用できない）のが原則である。

しかし、世の中には、その財やサービスの性質のため、代金を支払っていない人に、使わないことを強制できない、つまり排除できないものがある。対価を支払わない者を便益享受から排除できないという性質を、非排除性（排除不可能性）という。

たとえば灯台や一般の道路、また地球環境は、建設・維持コストがかかっ

ているにもかかわらず、代金を支払わなくても誰でも利用できる。

1.2 非競合性

ここに1本のジュースがあったとしよう。もし、A君がそれを全部飲んでしまえば、ほかの人は飲めない。同じ財やサービスを複数の消費者が同時に消費できない性質を、競合性という。

これに対して、ある人が利用してもほかの人も利用できる財・サービスがある。たとえば、花火や富士山の風景である。それらは1人でも100人でも観賞できる。人数が変わるからといって、費用が増減するものではない。

同じ財やサービスを、複数の人が同時に消費できることや、ある消費者が消費することによって、ほかの消費者の消費量が減少することがなく、追加的な費用なしで全員が同時に同量を消費できる性質を非競合性という。

2 公共財の種類

非排除性と非競合性の、両方もしくはどちらか一方の性質があるものを、公共財という。

財の種類は、非排除性と非競合性のあり・なしの組み合わせで、図表12-1のように4つに分けられる。非排除性と非競合性がともにあるものを純粋公共財、どちらか一方の性質をもつものを準公共財、どちらもないものを私的財という。

2.1 純粋公共財

国防・警察・消防・公衆衛生などや、地球環境が代表例である。

2.2 準公共財（クラブ財）

非排除性はないが、非競合性はあるもので、代金を支払わないと使えない（排除性）ことから、会員制のクラブを想定してクラブ財といわれる。会員制

図表 12-1 財の種類

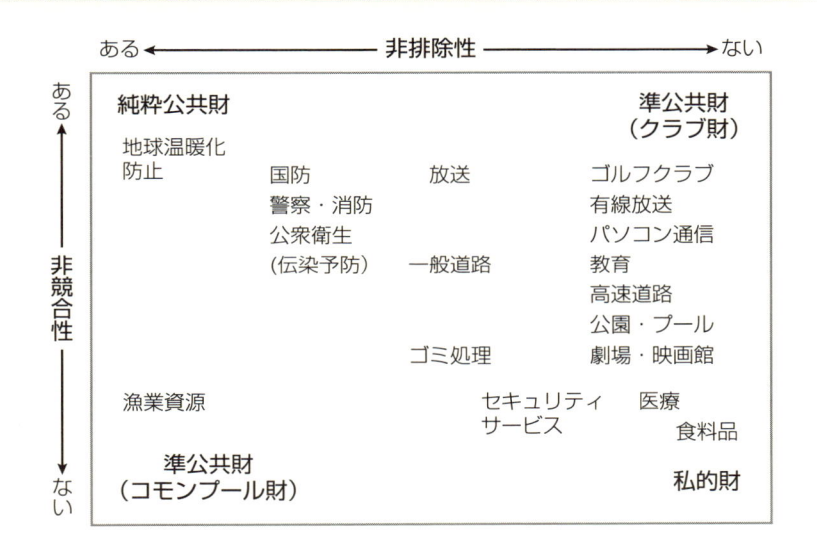

	非排除性 ある ←――――――――→ ない	
非競合性 ある	**純粋公共財** 地球温暖化防止　国防　　　放送 　　　　　　　警察・消防 　　　　　　　公衆衛生 　　　　　　　（伝染予防）　一般道路 　　　　　　　　　　　　　ゴミ処理	**準公共財（クラブ財）** ゴルフクラブ 有線放送 パソコン通信 教育 高速道路 公園・プール 劇場・映画館
非競合性 ない	漁業資源 **準公共財（コモンプール財）**	セキュリティ　医療 サービス　　　食料品 **私的財**

のゴルフクラブや有線放送、劇場・映画館などがあげられる。

2.3 準公共財（コモンプール財）

非排除性はあるが、非競合性はないものも準公共財である。漁業資源が代表例である。代金を支払う必要はない（非排除性）が、使える人に限界がある（競合性）もので、コモンプール財ともよばれる。

3 フリーライダー問題

フリーライダーとはただ乗り、すなわち対価を支払わずに便益を享受する者を意味する。正の外部性から派生する問題でもある。

たとえば、公園があれば、付近の住民は正の外部性を享受できる。そこで公園を設置するために、設置に賛成した人から公園の工事費用を徴収するこ

とになったが、ある町民が自分は公園を使わないからと、工事費用を支払わなかったとしよう。

しかし公園が完成すると、その町民が公園を利用することを排除できない（非排除性）。このように、虚偽・過小の申告をして公共財の利益を得ることができる。この問題をフリーライダー問題という。

4 コモンズの悲劇

コモンズの悲劇とは、多数の者が利用できる共有資源が乱用・乱獲されることによって、資源の枯渇を招いてしまうという法則をいう。

例として、牧草地があげられる。モンゴルの草原などある地区の牧草地は共有地（コモンズ）である。畜産農家はわれ先にと牛を放牧する。農家にとっては、より多くの利益をあげるために、放牧する牛の数を増やすだろう。すると、過剰に放牧することになる。すると草原は壊滅的な資源の枯渇に陥ってしまう。

5 対 策

公共財は政府が提供しなければならない。また、ある種の事業への参入は、資格や免許制度を導入して政府が管理することが必要になる。納税によって強制的に人々から資金を集め、社会的に必要な公共財を提供するのである。

国民年金や国民健康保険は強制加入を義務化されている。それを正当化する理屈も、フリーライダー対策である。

第13章
環境のミクロ分析

現在、人類の最も重大な問題に地球環境問題がある。この問題に対して、ミクロ経済学の視点からアプローチするのが環境経済学である。

18世紀にイギリスで起きた産業革命以降、自然科学の発展だけでなく、経済学の発展が車の両輪となって人々の暮らしを豊かにしてきた。

多くの人は、地球環境問題の解決は、科学の問題だと捉えている。しかし、経済の発展は、科学と経済学の発展が両輪となって推進されてきたことと同じように、地球環境問題の解決には科学だけでは無理であり、ここでも経済学が両輪の一方とならなければならない。

1　地球環境問題

産業革命がイギリスで起きたとき、人口は少なく、いまだ開拓されていない土地が多かった。すなわち、地球は広かったのである。そこで、地球は無限であり、空気はタダであると人々は錯覚を起こしてしまった。

しかし、20世紀に入ると科学と産業の発展により、その100年間に人口が16億人から61億人に増加した。すると人々は、地球環境も資源と同じように有限であることに気づいた。

1.1 環境と生活

人間が生活していくためには、企業などが生産した衣食住にかかわる商品を消費する。たとえば、コンビニでコーヒーを注文することを考えてみよう。

コーヒー豆はコーヒー農園で収穫されるが、効率的にコーヒー豆を収穫するために広大な土地が必要となる。そのために広大な熱帯林が伐採され、大量の化学肥料や農薬が投入される。熱帯林などの自然環境、生態系が破壊され動植物に悪影響を与えてしまうのである。

収穫されたコーヒー豆はブラジルなど海外から船舶に積まれて輸入されて来る。船舶の燃料は石油などの化石燃料だから、温室効果[1]がある二酸化炭素が排出される。また、コーヒー農園をつくるために、二酸化炭素を吸収する熱帯林も伐採されており、地球温暖化に大きな悪影響を与えている。

コーヒーを飲んだ後には、コーヒーが入っていた紙コップやプラスチックのふたがゴミとして捨てられる。ゴミを回収する車も化石燃料で動くので二酸化炭素が排出される。

人々は、おいしいコーヒーを飲んで安らいだ時間を過ごしている。その一方で、コーヒーを生産することで二酸化炭素の排出による地球温暖化、自然環境破壊などの環境問題が発生しているのである。

コーヒーを例に考えてみたが、人間が日常生活を営むということは、さまざまなかたちで環境問題と密接に関係している。経済の発展によって、企業や政府が提供する財・サービスを人間が消費して、快適な生活を過ごすことができる。その一方で、環境問題が深刻化しているのである。

1.2 環　境

環境とは、三省堂『大辞林』によると、「人間や生物の周囲にあって、意

---

[1] 温室効果とは、地球など大気圏を有する惑星の表面から発せられる放射（電磁波により伝達されるエネルギー）が、大気圏外に放出される前にその一部が大気中に存在する温室効果ガス（二酸化炭素やメタン）などの物質に吸収されることで、そのエネルギーが大気圏より内側に滞留し、結果として大気圏内部の気温が上昇する現象をいう。

識や行動の面でそれらと何らかの相互作用を及ぼし合うもの。また、その外界の状態。自然環境の他に社会的、文化的な環境もある」と定義されている。

なお、そのほかにも次のような定義がある。

- 狭義では、環境とは、自然資源（土地、大気、水、石油、石炭、森林、木材、食料、風、太陽光、水）である。

  人間は森林を伐採して木材を使って家を建て、自然の恵みである米や野菜を食べている。近年では、太陽光や風を利用して電気を作っている。人間はこうした自然資源を利用して社会生活を送っている。環境には、自然資源を人間社会に供給する働きがある。

- 広義では、環境とは、アメニティ（歴史建造物などの町並み、自然的景観など）である。

  合掌造りの建物など豪雪地帯に暮らす住民の特色ある文化・民俗芸能が残っている白川郷合掌造り集落、江戸時代の風情を残している妻籠宿などの歴史的町並みがある。

- また、環境とは浄化作用（二酸化炭素の吸収、有機物質の分解など）でもある。

  動物の死骸などの有機物を分解する微生物や、海水を浄化する能力があるマングローブなどがその一例である。

このように、広義および狭義の環境は、自然的要素や文化的要素さらに人工的な要素が含まれる。したがって、社会の変遷にともなって環境の定義も変化していく。

1.3 環境問題

環境の定義と同じように、環境問題も社会情勢の変化にともなって具体的な内容も変化してきている。たとえば、産業革命以降化石燃料の使用が飛躍的に増加して、二酸化炭素に代表される温室効果ガスが大量に排出されてい

る。その結果、地球温暖化問題が起こっている。

1900年代初頭には、地球温暖化問題は顕在化していなかった。現在では、どのような環境問題が起こっているだろうか。地球温暖化、海洋・河川汚染、酸性雨[2]、オゾンホール[3]、生態系破壊、土壌汚染、大気汚染などが環境問題として取り上げられている。

どうしてこのような環境問題が取り上げられるようになったのだろうか。環境には、供給力がある。化石燃料、金属資源、穀物、畜産物、漁業資源などを供給してくれる。しかし、ここで注意しなくてはならないのは、環境がもつ供給力には限りがあることである。

また、環境は浄化能力も備えている。植物が二酸化炭素を吸収し、微生物が汚水を分解してきれいにする。しかし、この浄化能力にも限界がある。この限界を超える量の二酸化炭素や汚水が排出されると、海洋や大気の状況が回復せず悪化していく。

このように経済を優先し社会の利便性を向上させるため、環境のもつ供給力を超えて自然資源を利用し、浄化能力を超える汚染物質を排出することによって環境問題が起こっている。

たとえば、大気を例に考えてみよう。人々が家庭で暖房を使用した結果、二酸化炭素を大気に排出している。誰でも自由に制限なく二酸化炭素を排出することができる。排出にあたっては、料金をとられることもない。このように、自由に制限なく無料で利用できる大気を公共財という（⇒第12章2）。

企業も製品を作る過程で二酸化炭素などの物質を大気中に放出している。企業は利潤を追求するため、環境保全のために費用を負担しない。その結果、大気が過剰利用されて地球温暖化問題が発生する。つまり、大気（環境）を

---

[2] 酸性雨とは、pH（水素イオン濃度）が5.6以下の酸性の成分を多く含む雨をいう。石炭や石油などの化石燃料を燃焼させたときに発生する硫黄酸化物や窒素酸化物が、雲粒に取り込まれた結果、強い酸性の雨または乾いた粒状の物質として降下する現象をいう。

[3] オゾンホールとは、成層圏のオゾン層に形成される、オゾン濃度が激減した穴のような部分をいう。地球温暖化をもたらすほか、皮膚癌を引き起こすといわれる。

無料で制限なく使えるために、過剰使用されて地球温暖化（環境問題）が起こっている。

これは、典型的な外部不経済（負の外部性）であり、市場の失敗である。すなわち、人間が生活する過程、そして、企業が生産活動を行う過程などで二酸化炭素が排出される。この対応のための費用が人々や企業から徴収されておらず、よって価格に転嫁されていないのである（⇒第11章3.2）。

よって、環境問題は経済学の問題であることがわかる。市場の失敗は政府が関与するなどして、経済的な対策を打たないと、どうしてもうまくいかないのである。

たとえば、節電を人々に広く訴えて、倫理観にアピールしたとしよう。もちろん、節電に積極的な人も多いだろうが、なかには無視する人もいるだろう。また、「喉元過ぎれば熱さを忘れる」という諺のように、当初は節電に努力したとしても時間が経つにつれて熱意が失われていくことが多い。

よって、政府の政策によって、人々にインセンティブを与えなくてならない。もし、節電を積極的に行えば何らかの利益が出たり、逆に節電を行わなければ何らかの損失が出たりするような施策を打てば、人は節電に努力し続けるであろう。

1.4 環境問題の特殊性

空間的広がり　大気は地球を取り巻いているため国境に関係ない。国境を越えて大気汚染が進行するといったことが起こる。大気汚染、海洋汚染といった地球規模の環境問題に対しては、1つの国の政府の施策だけで対応するのでは不十分であり、世界各国が連携してあたらなければならない。

時間的広がり　現在世代が排出した二酸化炭素が原因で発生した地球温暖化によって、後々の世代が被害をこうむってしまう。このように、何世代にもわたって影響を及ぼすという特徴がある。

不可逆性　さらに、ひとたび環境破壊が発生するとその復元は非常に困難となる性質がある。これを不可逆性という。また、地球温暖化が問題となってから対策を行ってもその効果はすぐには出ない。

評価　大気への二酸化炭素排出などといった環境汚染を、お金に換算すること、つまり、市場で評価することが困難である。

2　環境のミクロ分析

　このような環境問題に対して、ミクロ経済学の視点からアプローチする学問を、環境経済学という。大気への二酸化炭素排出といった環境汚染の進行にともない、地球温暖化が発生することを確認したが、発想を転換してみると、地球温暖化を防止するためにはコストが必要になるということである。

　一方では、イノベーション（科学技術の発達）が必要である。二酸化炭素の排出を削減するために、化石燃料の燃焼効率を上げる技術・設備を開発し、あるいは、化石燃料に替わる風力発電、太陽光発電、バイオマス発電などの代替エネルギーを開発するのである。

　また、経済的な施策も必要である。これまで無料であった二酸化炭素排出に環境税を課税することもできる。二酸化炭素排出を有料として、排出量をお金で取引することもできる。すでに EU では、二酸化炭素の排出量を取引する市場が開設され、株式と同様に取引されている（⇒第9章1.2）。

　このように二酸化炭素の排出にコストがかかるシステムを導入することによって、二酸化炭素の排出量が減少し地球温暖化の進行を遅らせることが期待されている。

　しかし、実際には、これらの対策のコストが高いと普及しない。たとえば、企業は温暖化対策を実施することによってコストが上がってしまい、その分利益が減ってしまう。消費者も、対策のコストが上乗せされた分だけ高い価格で商品を購入することになる。そのため、できるだけ低いコストで対策を

実施する必要がある。そして対策が普及すれば、さらにコストが下がるという波及効果も期待できる。

これまで、企業は利益を優先して、環境対策にコストをかけてこなかった。その結果、環境問題が深刻化した。これからは、企業も環境を守るためにコストをかけなければならない。しかも、環境も守りつつ、利益も確保しなければならない。つまり、持続可能な発展[4]を実現することが目標である。

2.1 外部費用

環境経済学は、ミクロ経済学の視点から環境を評価し、それを市場に組み込むこと（外部費用の内部化）によって、環境問題を解決する道筋を示そうとする。

簡単な数値例を使ってみてみよう。

企業は製品の生産のために多くの費用（製造原価）として賃金や地代や利子を払っている。これはその企業にとって私的費用（内部費用）とよばれる。ある製品の価格は、市場で取引される価格は1万円で、（同じく市場で取引される）製造原価（私的費用）は7,000円とする。よって1個あたりの利益は3,000円となる。

この企業が生産過程で汚染水を河川に排出していたとしよう。市町村は汚染した河川を浄化するために、浄化装置を設置するなどの費用の負担をする。こちらは環境コストであるが、当該企業によっては自分のコストと認識しないので、外部費用とよばれる。しかし、社会全体では、環境コストを発生させている。

この製品の製造で1個あたりの環境コストが、2,000円であったとしよう。何も規制などがなければ、この企業は環境汚染対策費用（外部費用）を負担しない。すると、その企業にとっての製造原価は市場で取引されている7,000円であり、取引の外で発生する外部費用2,000円が含まれない。この

---

[4] 持続可能な発展は、環境と開発に関する世界委員会の提唱によりブルントラントを委員長として発足した賢人会議（ブルントラント委員会）が提示した概念である。

製品の社会全体での本当の原価（社会的費用）は9,000円であり、利益は1,000円でしかない。

  私的費用＋外部費用＝社会的費用

　一般に外部不経済のケースでは、当該財の生産は過大となる。図表13-1をみてみよう。企業が外部費用を認識しない場合の供給曲線をSとする。環境汚染対策費用は環境汚染を起こしているこの企業が負担すべきものである。この外部費用を負担したならば、そのコスト分だけ供給曲線は上にシフトするので、S'となる。すなわち、外部不経済がある場合の市場価格はp_0で取引量はq_0であり、外部費用を負担した場合（外部費用を内部化した場合）の価格はp_1であり、社会的に最適な取引量水準であるq_1となる。

2.2　外部費用の内部化

　内部化とは、市場原理がうまく機能するように政府が働きかけ、市場を通じて政策目的が最小の費用で効率よく達成されることを意図した手法をいう。前述の例としては、この生産で外部費用となっている環境コストを、この企業の私的費用に転化する、すなわち、外部費用を内部化することができれば解決する。

　再び図表13-1をみてみよう。私的費用曲線Sとは、この企業の、外部費用を含めないときの供給曲線である。このとき、この企業の製品の供給量はq_0となり、価格はp_0となる。

　ところで、この私的費用曲線には本来この企業が負担すべきであるが外部費用となっている環境汚染対策費を上乗せすべきである。よって、この企業に、外部費用化されている環境汚染対策費を内部費用に加算する。すると、その加算分だけ供給曲線は上方にシフトする。シフトした後の供給曲線は、外部費用を内部化した後の社会的費用を勘案した社会的費用曲線S'となる。

　すると、この製品の価格はp_1に上昇し、供給量はq_1となり、q_0から供給量が削減される。

図表 13-1　外部費用

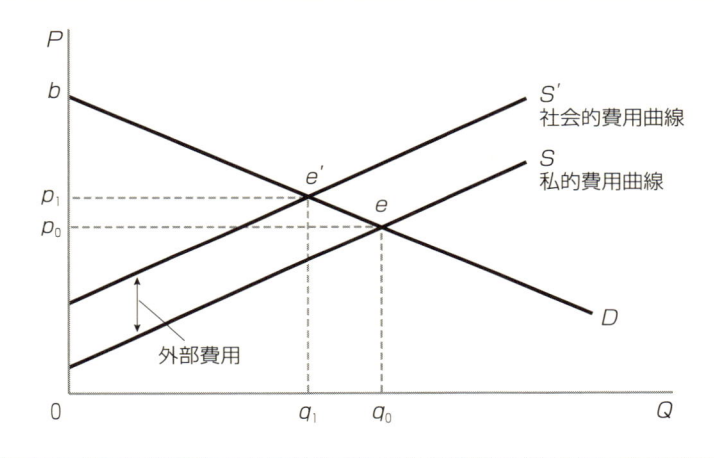

縦軸 P、横軸 Q のグラフ。需要曲線 D は右下がり。私的費用曲線 S と社会的費用曲線 S' はともに右上がりで、S' は S より上方（縦軸切片は b）。S と D の交点が e（価格 p_0、数量 q_0）、S' と D の交点が e'（価格 p_1、数量 q_1）。S と S' の縦方向の差が「外部費用」。

さらに、汚染物質の排出削減に的を絞って考えてみよう。図表13-2では、横軸に汚染物質排出量を、縦軸に1単位あたり排出削減費用をとり、この企業の汚染物質の限界排出削減費用を表している。q_0 はこの企業が、排出削減をまったく行わないときの汚染物質排出量を示し、このときは削減費用がゼロであることを示している。

この企業が排出量を少しずつ減らしていくと、q_0 から原点に向けて横軸に沿って左に移動していく。すると、削減費用が増加していく。限界排出削減費用とは、汚染物質排出を1単位追加的に削減した場合の追加的費用を表しており、q_0 から1単位だけ減少させるのと、q_1 から1単位減少させるのでは、同じ汚染物質を1単位減らす（横軸上を原点に向かって移動する）のであっても、限界費用は大きくなることを左上がりのグラフで表している。

この企業の現在の汚染物質の排出量が q_1 となっていたとしよう。この状態で環境汚染が問題となっており、この企業の排出量を q_2 まで削減させなければならないとする。そのためにはどのような手段を選択することができるだろうか。

図表13-2　限界排出削減費用

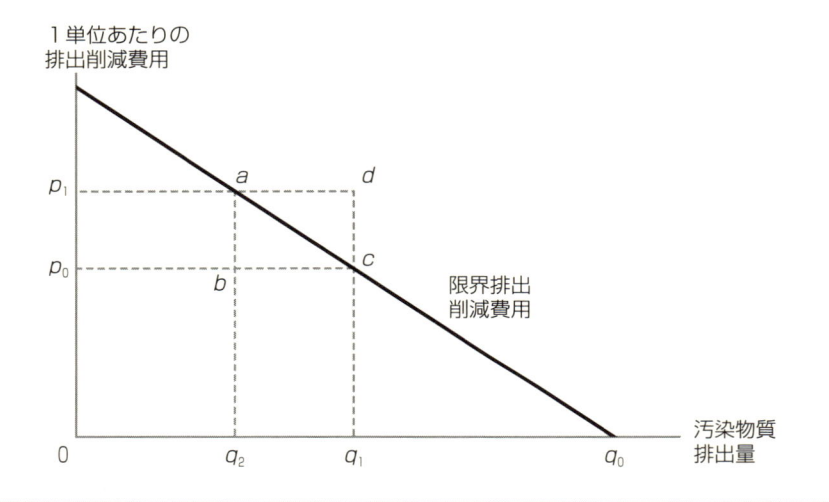

縦軸：1単位あたりの排出削減費用
横軸：汚染物質排出量

曲線のラベル：限界排出削減費用

軸上の点：p_1, p_0, q_2, q_1, q_0
図中の点：a, b, c, d

環境税　まず、汚染物質排出1トンあたり p_1 の環境税をかけることが考えられる。外部不経済の状態を修正すべく、外部費用の内部化を果たす施策の1つが、環境税である。外部不経済を生み出す生産には、懲罰的な税を課して供給量を減らし、環境汚染対策費用を確保する。これを考案者の名をとりピグー[5]税という[6]。

この企業の現在の排出量は q_1 なので $p_1 \times q_1$（長方形 $0p_1dq_1$ の面積）の環境税を払わなくてはならない。企業は支払う税金を少しでも減らそうと考える。そこで企業は自ら排出量を q_1 から q_2 まで削減する。それは、その削減費用は台形 q_2acq_1 の面積であるのに対して、$q_1 - q_2$ の排出量に課税される環境税が長方形 q_2adq_1 なので、企業自ら q_2 まで削減するほうが三角形 adc だけ負担が安くなるからである。

---

[5]　アーサー・セシル・ピグー（1877年～1959年）は、マーシャルの後継者といわれ、ケインズの兄弟子にあたるイギリスの経済学者。
[6]　逆に外部経済を生み出す生産には、補助金（ピグー補助金）を与えて供給量を増やす。

さて、政府による課税は死荷重という無駄を生み出すという問題があった。それに対してピグー税は、死荷重を生み出さないところに利点がある。すなわち、本来、環境汚染を引き起こした企業の費用である分だけ課税によって調整して、元に戻すので、本来の消費者余剰と生産者余剰に戻るためである。この点が、市場原理により環境汚染の低減を最小の費用で実現できるとされる由縁でもある[7]。

補助金　一方、政府がこの企業に汚染物質排出削減1トンあたりp_1の補助金を交付することも考えられる。この補助金によって、企業は自らq_2まで排出量を削減する。それは、$q_1 - q_2$の削減について、企業自ら削減する場合の費用は台形$q_2 acq_1$の面積であるのに対して、排出量削減の補助金は長方形$q_2 adq_1$なので、企業はq_2まで排出量を削減し補助金を受け取ることによって三角形adcの利益が出るからである。

直接規制　次に、政府は企業の排出量上限をq_2に決定することが考えられる。たとえば、法律で企業が排出できる上限を決定する。企業は排出の上限を規制されると、生産量を減らしたり、排出削減のための設備を新たに導入したりするなどの対策をとらなければならない。

排出量取引　これは、排出量上限が決定されるのは同じだが[8]、その排出量上限を守るために企業に排出量の取引を認めるものである。汚染物質の排出削減費用が高い企業（A社）が、排出削減費用の安い企業（B社）から排出量を購入することによって、より安い費用で排出削減を実現するものである。

---

[7] ただし、情報の非対称性が売り手や買い手に発生している場合や、取引費用がゼロではない場合には、死荷重が発生するのは避けられない。
[8] 排出量取引において、排出総量を設定して、この数値をそれぞれ個々の経済活動主体に配分するキャップ・アンド・トレード方式を想定している。

たとえば、10トン削減義務のあるA社が自分で削減するのに40万円（4万円／トン×10トン＝40万円）かかる場合、1万円／トンで削減できるB社から排出量を購入すると10万円（1万円／トン×10トン＝10万円）で削減目標を達成することができる。

排出量取引を行うことによって、A社はより少ない費用で削減目標を達成することができ、B社も排出量を売ることで利益を得ることができる。

また、排出量取引は、二酸化炭素などの地球温暖化ガスの削減について、国際的な取引も行われている。これは貿易と同じように、比較生産費説によって説明することができる（⇒第1章4.2）。

今、技術が発達していて、工業生産の効率も高く、かつ二酸化炭素の排出削減能力も高いJ国と、工業生産の効率はJ国と比べかなり低いが、森林が多いため二酸化炭素の削減は、それなりの能力をもつF国があるとしよう。

J国とF国を比較すると、工業力も二酸化炭素削減もJ国のほうが絶対優位であるとしよう。しかし、工業力の差は圧倒的で、二酸化炭素削減能力はそれほどの差でしかないとすると、J国が工業力で比較優位、F国が二酸化炭素削減能力で比較優位である。この場合、J国が工業に特化し、F国と排出権取引を行うと、両国の国際分業がうまくいくことになる。

技術開発補助金　　また、政府が汚染物質排出削減に関する技術開発に補助金を交付することも考えられる。図表13-3のグラフをみてみよう。補助金制度によって排出削減の技術革新が起こると、排出削減の費用が安くなり、限界排出削減費用曲線Aが左方にシフトし、限界排出削減費用曲線Bとなる。その結果、技術革新によりq_1からq_2までの排出削減を実現することができる。

図表13-3 技術革新による排出削減費用

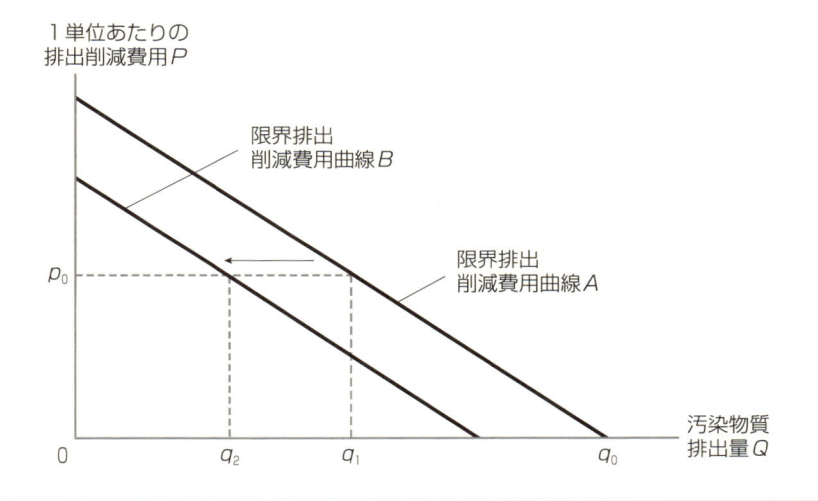

縦軸: 1単位あたりの排出削減費用 P
横軸: 汚染物質排出量 Q

限界排出削減費用曲線 B
限界排出削減費用曲線 A

p_0, q_2, q_1, q_0

参考文献

石橋春男『経済学へのアプローチ（第2版）』成文堂、2002年
石橋春男編著『環境と消費者（入門 消費経済学 第3巻）』慶應義塾大学出版会、2010年
石橋春男、島田千秋、山本慶子『環境経済学入門』泉文堂、2005年
石橋春男、関谷喜三郎『セミナー ミクロ経済学入門』税務経理協会、1997年
石橋春男、関谷喜三郎『経済学の歴史と思想』創成社、2012年
石橋春男、関谷喜三郎、河口雄司『はじめて学ぶ経済学』慶應義塾大学出版会、2008年
岩井克人『貨幣論』筑摩書房、1998年
岩井克人『二十一世紀の資本主義論』筑摩書房、2006年
大村敬一、浅子和美、池尾和人、須田美矢子『経済学とファイナンス』東洋経済新報社、2004年
P. クルーグマン、R. ウェルス／大山道広他訳『ミクロ経済学』東洋経済新報社、2007年
栗本慎一郎『幻想としての経済』青土社、1990年
栗山浩一、馬奈木俊介『環境経済学をつかむ（第2版）』有斐閣、2012年
後藤公彦『環境経済学概論──エコロジーと新しい経営戦略』朝倉書店、1998年
小室直樹『経済学をめぐる巨匠たち』ダイヤモンド社、2003年
小室直樹『資本主義原論』東洋経済新報社、1997年
J. E. スティグリッツ、C. E. ウォルシュ／藪下史郎他訳『ミクロ経済学（第4版）』東洋経済新報社、2013年

A. スミス／山岡洋一訳『国富論』日本経済新聞出版社、2007 年
中谷巌『痛快！ 経済学』集英社インターナショナル、2002 年
K. ポランニー／玉乃井芳郎、中野忠訳『人間の経済 II 交易・貨幣および市場の出現』岩波書店、1980 年
K. ポランニー／栗本慎一郎、端信行訳『経済と文明』筑摩書房、2004 年
前田章『はじめて学ぶ経営経済学』慶應義塾大学出版会、2013 年
N. G. マンキュー／足立英之他訳『マンキュー経済学 1 ミクロ編』東洋経済新報社、2000 年
三菱総合研究所編『最新キーワードでわかる！ 日本経済入門』日本経済新聞出版社、2008 年
D. リカードウ／羽鳥卓也、吉沢芳樹訳『経済学および課税の原理（上・下）』岩波書店、1987 年
A. ルベイロ／石橋春男、渡部茂訳『ワルラスの経済思想』慶應義塾大学出版会、2006 年
Worchel, Stephen, Jerry Lee, and Akanbi Adewole (1975) "Effects of supply and demand on ratings of object value," *Journal of Personality and Social Psychology*, 32 (5), 906–914.

索引

あ
悪魔の取り分　*111*

い
意思決定　*21*
一般均衡理論　*34*
イノベーション → 技術革新
インセンティブ　*19, 120, 130*

う
ウォーチェル（S. Worchel）　*30, 31*
売り手市場　*27, 97, 121*
売り手余剰　*107, 109*

え
エッジワース（F. Y. Edgeworth）　*12*

お
オークション　*96*
オゾンホール　*142*
温室効果　*140*

か
外国　*16, 17*
買い手市場　*27, 76, 98*
買い手余剰　*107, 110*

外部経済　*133*
外部効果　*133*
外部費用　*145*
　——の内部化　*145, 146*
外部不経済　*134, 143*
価格　*15, 18, 38, 52, 57, 65, 77, 95, 121, 123*
　——・消費曲線　*67, 68*
　——競争　*121, 122*
　——決定メカニズム　*97*
　——支配力　*121*
　——弾力性　*81, 104*
　——調整　*96, 101, 113*
家計　*15–17, 57*
価値のパラドックス　*31, 33*
株式　*16, 17*
　——市場　*105*
貨幣　*10*
可変費用　*44, 45, 48, 49, 53*
環境　*20, 140*
　——経済学　*20, 139, 144*
　——税　*19, 103, 104, 148*
　——問題　*20, 103, 139, 140*
関税　*115*
完全競争　*119, 122*
完全情報　*129*

き

機会費用　21, 22
企業　15–17, 20, 48, 50, 53, 57, 73, 100, 120
技術革新　1, 16, 75, 80, 151, 144
希少性　2, 30
　——の原理　31
基数的効用理論　34
期待　59
逆選択　131
供給　12, 73, 74, 81
　——曲線　51–53, 78, 81, 95, 103
　——曲線のシフト　79
　——の価格弾力性　81, 82
競争　120
均衡　96, 101, 103, 112, 114
　——価格　95, 104, 111, 115
金融　17, 76, 132
　——緩和　93
　——機関　16, 17, 132
　——危機　132
　——市場　76

く

クールノー（A. A. Cournot）　12, 126
　——の点　125, 126
グッズ　32
クラブ財　136
計画経済　120
経済　1, 2
　——財　32
　——成長　120
経世済民　2
限界革命　12, 31, 33
限界効用　12, 35, 36, 38, 40
　——均等の法則　35, 41
　——逓減の法則　37–40
限界収入　43–45, 51
限界生産力　47

　——逓減の法則　48
限界値　44
限界排出削減費用　147, 148
限界費用　43–46, 50, 51

こ

交換価値　31
公共財　135
公共事業　17
効用　21, 29, 30, 34–38, 63
　——価値説　33
　——極大化　36, 62
効率　7, 23, 115, 119, 120
国際分業　25, 26, 115
ゴッセン（H. H. Gossen）　37
　——の第1法則　37, 38
　——の第2法則　41
固定費用　44, 45, 48, 53, 109
古典派経済学　11, 16, 23, 33
コモンズの悲劇　138
コモンプール財　137
雇用　76, 100

さ

サービス　2, 8, 31–33, 108
財　2, 8, 31–33, 38, 83, 108, 121
　——の選択　40
債券　16
最大多数の最大幸福　6, 76, 103
最低賃金法　112
最適資源配分　18, 103
最適消費　62
　——点　66, 68, 70
最適生産量　48, 53, 122, 124
指値注文　106
産業革命　3, 11, 12, 20, 139
産業空洞化　101
酸性雨　142

し

ジェヴォンズ（W. S. Jevons）　12
死荷重　111, 112, 116, 127, 149
自給自足　4, 9
シグナル機能　18
資源　2, 8, 16, 19, 35, 120
　——配分　19, 119
資産効果　93
市場　8, 15, 18, 57, 95, 103, 119
　——均衡　95
　——経済　8, 120
　——主義経済　18
　——の失敗　119, 127, 143
持続可能な発展　145
失業　113
私的費用曲線　146
地主　16
支払意志額　110
紙幣　10
資本　16, 76
　——家　16
　——市場　16
　——主義　120
社会主義　120
社会的費用曲線　146
社会的厚生 → 社会的余剰
社会的損失　111, 112
社会的費用　146
社会的余剰　111, 115, 127
収穫逓減の法則　46, 47
自由競争　122
自由財　32
自由市場　114
自由主義経済　18
重商主義　5
収入　16, 44, 58, 74, 77
自由貿易　25, 26, 115
自由放任主義　12
主観価値説　34

需要　12, 57, 74
　——曲線　59, 67, 95, 103, 122
　——曲線のシフト　60
　——の価格弾力性　85, 89, 105
　——の所得弾力性　91
　——の法則　57, 68
　——予測　87
循環型社会　32
準公共財　136, 137
純粋公共財　136
シュンペーター（J. A. Schumpeter）　16
使用価値　31
消費者　2, 15, 16, 19, 35, 38, 108, 111, 121
　——均衡点 → 最適消費点
　——余剰　110, 111, 115, 127, 149
商品　29, 33, 35
情報の非対称性　129, 131, 149
ショートサイドの原則　27
『諸国民の富（国富論）』　5, 18, 29, 33
序数的効用　34, 39
所得　32, 58, 63, 66
　——効果　69, 70, 92
　——弾力性　91
新古典派経済学　12

す

数量調整　99, 101
スミス（A. Smith）　4-6, 8, 16, 18, 23, 29, 31, 33

せ

税　11, 17, 111, 135
制限家賃　113
生産者　2, 15, 16, 18, 43, 73, 74, 77, 108, 111
　——余剰　108, 109, 111, 115, 127, 149
生産物市場　16, 108
生産要素　16, 46, 73, 76
　——市場　16, 76

生産量　52
正常財　32, 69
製造原価　77
正の外部性　→　外部経済
政府　12, 15-18, 111, 135, 138, 143
　——の介入　112
絶対優位　23, 26
全部効果　69, 70

そ

総可変費用　49
操業停止点　53
総効用　36, 41
総固定費用　49
総収入　50, 53, 109, 122, 123
相対費用逓増の法則　50
相対優位　23
総費用　49, 50, 53, 122, 124
損益分岐点　53

た

大気汚染　32
代替効果　68, 70
代替財　58, 63, 69, 73, 104
代替性の仮定　63
短期調整　99

ち

地球温暖化　32, 140, 142, 144
地代　76
超過供給　97
超過需要　96, 113
長期調整　100
直接規制　149
貯蓄　17
賃金　49, 100, 112

て

デフレスパイラル　99

と

投下労働価値説　33
淘汰　120
独占　119
　——企業　122, 123
　——禁止法　121
土地　16, 76

な

成行注文　106

は

排出量取引　32, 149, 150
排除不可能性　→　非排除性
ハイパーインフレーション　98
バッズ　32
バブル経済　98
パレート（V. Pareto）　34, 39, 62

ひ

比較生産費説　25, 26
比較優位　25, 26
非競合性　136
ピグー（A. C. Pigou）　3, 148
　——税　148
非排除性　135
費用　20, 21, 41, 43, 44, 77, 110
貧困　3, 114

ふ

不完全競争市場　119, 122
物々交換　10
負の外部性　→　外部不経済
プライスセッター　121
プライステイカー　121, 123
フリーライダー　137
フリーランチ　20
分業　4, 23
ブントラント委員会　145

へ

平均総費用　51, 53
便益　20, 108, 111
ベンサム（J. Bentham）　6
変動費用　109

ほ

貿易　17, 26, 115
補完財　69, 73
保険　131
補助金　149, 150

ま

マーケット・インパクト　121
マーケティング　91
マーシャル（A. Marshall）　3, 12, 68, 99
　──的調整過程　99
埋没費用　22
マルクス（K. H. Marx）　33
マルサス（T. R. Malthus）　11

み

見えざる手　18

む

無差別曲線　62, 63, 66, 70

め

メンガー（C. Menger）　12
　──表　40, 41

も

モラルハザード　131

や

夜警国家　12

よ

要素費用　76
欲望の二重の一致　8
予算制約　63
予算線　64, 66, 70
余剰分析　111, 115, 126

り

リーマンショック　132
利益　20, 43
リカード（D. Ricardo）　11, 23, 25, 26, 33, 115
利子　76
利潤　43, 50, 52, 77, 109, 124
　──極大化　43, 48, 121, 122
　──極大生産量　50, 51
流動性　105

れ

劣等財　32
レモンの原理　129

ろ

労働　16, 33, 76
　──価値説　11, 33
　──市場　16, 76, 100
　──者　16, 46, 112

わ

ワークシェアリング　100
ワルラス（L. Walras）　12, 39, 99
　──安定　98
　──的調整過程　98

著者紹介

石橋 春男（いしばし　はるお）
松蔭大学経営文化学部教授
1967年早稲田大学第一政治経済学部卒業、72年同大学大学院商学研究科博士課程修了。大東文化大学経済学部教授、同大学環境創造学部教授、日本大学商学部教授等を経て現職。
主要業績に、『マクロ経済の分析』（共著、慶應義塾大学出版会、2010年）、『環境と消費者』（「入門　消費経済学」第3巻、編著、慶應義塾大学出版会、2010年）、『消費経済理論』（「消費経済学体系」第1巻、編著、慶應義塾大学出版会、2005年）、他多数。

橋口 宏行（はしぐち　ひろゆき）
有限会社SRN代表取締役、証券アナリスト
1984年明治大学法学部卒業、大和証券投資信託販売㈱（現三菱UFJモルガンスタンレー証券）勤務等を経て現職。2007年大東文化大学大学院経済学研究科修士課程修了。日本証券アナリスト協会検定会員。
主要業績に、『人民元——国際化への挑戦』（監修、科学出版社東京、2013年）、『証券分析第2次の攻略法——70％とれる証券アナリスト合格テキスト』（中央経済社、1999年）、「資産市場における価格変動リスクの増大」（『日本消費経済学会年報』第31集、2010年）、他多数。

中藤 和重（なかとう　かずしげ）
大東文化大学環境創造学部非常勤講師
1983年明治大学法学部卒業、2005年大東文化大学大学院経済学研究科博士前期課程修了、2009年同博士後期課程修了。経済学博士。
主要業績に、『現代日本の環境問題と環境政策』（共著、泉文堂、2012年）、『マクロ経済学』（共訳、成文堂、2009年）、など。

よくわかる！　ミクロ経済学入門

2014 年 4 月 25 日　初版第 1 刷発行
2024 年 4 月 1 日　初版第 2 刷発行

著　者─────石橋春男・橋口宏行・中藤和重
発行者─────大野　友寛
発行所─────慶應義塾大学出版会株式会社
　　　　　〒108-8346　東京都港区三田 2-19-30
　　　　　　TEL　〔編集部〕03-3451-0931
　　　　　　　　　〔営業部〕03-3451-3584〈ご注文〉
　　　　　　　　　〔　〃　〕03-3451-6926
　　　　　　FAX　〔営業部〕03-3451-3122
　　　　　　振替　00190-8-155497
　　　　　　https://www.keio-up.co.jp/
装　丁─────辻聡
印刷・製本──株式会社理想社
カバー印刷──株式会社太平印刷社

　　　　　　©2014 Haruo Ishibashi, Hiroyuki Hashiguchi, Kazushige Nakato
　　　　　　Printed in Japan　ISBN978-4-7664-2137-8

慶應義塾大学出版会

よくわかる！ファイナンス入門

石橋春男・髙木信久・橋口宏行 著

お金の不思議を探究する！
貨幣の歴史から証券会社・銀行の役割、金融商品の仕組み、そして近年の金融政策の目的や背景まで、ファイナンスを知るための基礎知識を厳選し、やさしく解説した「超」入門テキスト！

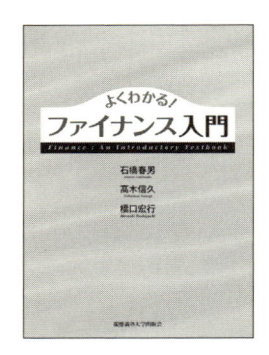

A5判／並製／172頁
ISBN 978-4-7664-2125-5
◎1,800円　2014年4月刊行

◆主要目次◆

　序　章　ファイナンスとは

第1部　貨　幣
　第1章　お金とは何か
　第2章　貨幣の機能
　第3章　貨幣の歴史

第2部　金融システム
　第4章　銀行の信用創造と通貨制度
　第5章　金融取引と金融機関
　第6章　金融商品
　第7章　短期金融市場
　第8章　資本市場と証券会社の業務
　第9章　デリバティブ取引とその影響

第3部　金融政策
　第10章　マネーストックと金融政策
　第11章　中央銀行と金融政策
　第12章　日本の金融と政策の歴史
　第13章　日本の金融自由化

〔シリーズ続刊〕
よくわかる！マクロ経済学入門
石橋春男・橋口宏行・河口雄司 著

表示価格は刊行時の本体価格（税別）です。